자기
회복력

Connect me

Connect me - verbunden mit mir selbst

by Jasmin Schott Carvalheiro

건강한 나와 연결하는 힘

한윤진 옮김

야스민 카르발하이로 지음

자기 회복력

Connect me

Chapter 5

자기 회복력 6단계 프로그램

• Chapter 1 •

나는
진짜 나로
살고 있는 걸까?

Connect me

이번 장은 이 책을 소개하는 장인만큼 가장 먼저 '퍼포먼스-덫'이 내 삶에 어떤 위기를 초래했는지 여러분에게 들려주고 싶다. 물론 그 험난한 위기를 잘 헤쳐 나온 덕에 난 예전보다 훨씬 단단해졌다. 이제 여러분도 앞으로 소개하는 과정을 통해 내가 걸어온 힘든 길을 엿보게 될 것이다. 이를 통해 충만한 삶으로 향하는 여러분만의 길에 발걸음을 내디딜 용기를 얻기 바란다.

멋진 삶을 위해 스스로 꾸민 자신의 모습에
갇혀 불행을 자초하게 되는 '퍼포먼스-덫'에 빠져 끊임없이 무
언가를 선보이고, 성취하는 일에 최선을 다해야 한다고 굳게 믿
던 그 시절, 나는 정작 내가 어떤 사람인지 전혀 알지 못했다. 외
부의 시선으로만 평가하자면, 나 자신에게 꽤나 만족하는 것처
럼 보였을 것이다. 나는 항상 입꼬리를 올려 기분 좋은 미소를
짓고 있었고, 외모도 아름다운 편인 젊은 여성이었으니까. 그런
만큼 누구에게나 인기도 좋았고, 친구도 많았고, 옷장에는 세련
된 옷이 가득 차 있었다. 게다가 언제나 매력적인 젊은 남성과

연애 중이었다. 훌륭한 성적으로 대학을 졸업했고, 좋은 보수를 보장받으며 유명 대기업에 입사했다. 입사 후 처음 맡은 해외 프로젝트마저 단번에 성공시키며 한 단계 올라설 수 있는 승진 기회도 잡았다. 즉, 직업적인 측면에서도 목표했던 성과를 달성하며 쭉쭉 승승장구했다.

나는 직장에서 완벽하게 성과를 내야 했고, 개인적으로도 누군가의 친구, 연인, 젊은 여성이면 으레 그래야 한다고 세운 나만의 조건을 충족시키는 일도 절대 포기하지 않았다(당연하게도 그런 마음만큼 해야 할 일은 늘 산더미 같았다!). 당시 내가 지향하던 완벽한 퍼포먼스 콘셉트에는 12시간에 달하는 근무시간 외에도 일정한 체중 유지(굶어서라도), 무결점 스타일링(매번 스스로를 점수 매기며), 변치 않는 우정(언제나 친구들의 말을 귀담아듣고 거의 무제한적인 지원을 아끼지 않는), 다양한 여가활동(트렌디한 파티와 이벤트에 참석하고, 핫플레이스를 다니는) 그리고 연애(로맨스와 열정이 가득한) 등이 포함됐다.

이 중 뭐 하나라도 100퍼센트를 충족하지 못하면, 완벽하게 갖춰 입은 청바지 속 무릎에 힘이 풀리고 자존감은 어느새 지하행 버튼을 누른 것처럼 곤두박질쳤다. 그러면서 이러다 내 주변 사람들을 전부 잃어버리는 건 아닐까 하는 불안감에 휩싸였다. 그 시절에는 바로 그 감정이 나를 포함한 모든 것이 행복해지도록 이끄는 원동력이었다. 그것도 최대한 빠르게 말이다.

성과 및 자기최적화 추구로 나 자신을 쥐어짜며 화려하게 빛나는 삶을 이어가던 20대 중반, 어느 날 갑자기 곁에서 보다 못한 내 수호천사가 제 발언권을 행사했다.

공.황.발.작.

갑자기 과호흡이 터져 나오고, 심장이 미친 듯이 날뛰었다. 그리고 한밤중에 갑자기 혀가 부어올라 목구멍이 점점 쪼그라들고, 흉곽이 점점 좁아지는 듯한 소름 끼치는 기분에 잠에서 벌떡 깨어났다. 덜덜 떨리는 손으로 간신히 곁에 잠든 남자친구를 깨운 난 당장 병원에 데려가 달라고 애원했다.

당시에는 그 순간 무슨 일이 벌어진 건지 전혀 짐작도 하지 못했지만, 당장 도움을 받지 못하면 절대 이 상태에서 벗어나지 못할 거라는 불길한 확신이 나를 사로잡았다. 병원에서는 몇 가지 검사를 마친 후 주사를 놓아주고 강한 진정제 처방전을 주며 월요일이 되자마자 주치의에게 진찰을 받으라고 권유했다. 그 뒤 수개월 동안 난 관련 전문가들을 전부 찾아다니며 다양한 의료진에게 진찰을 받았다. 누군가 내가 정기적으로 겪고 있는 그 증상이 공황발작일 가능성이 있다고 말해줄 때까지.

그사이 난 그 끔찍한 증상에 일반적인 불안장애가 더해졌다. 공황장애 혹은 갑작스럽게 발생한 두려움의 경우 제때 적절한 치료를 하지 않으면 불안장애로 발전하기도 한다. 공황장애인지 몰랐던 나는 점점 이상해지는 내 상태가 전혀 특이한 것이 아니라는 사실을 당시에는 알 수 없었다. 나는 그저 모든 것이 불안했다. 대중교통, 출구가 보이지 않는 방, 엘리베이터, 고속도로, 많은 인파, 인적 드문 장소, 항공 여행, 동료와 함께 차로 이동하는 출장, 강연, 운동 시 숨이 찰 때, 예정에 없던 지점에 정차한 기차에서 하차할 수 없을 때, 예전에 그렇게나 좋아했었던 바다 수영까지 정말 많은 것들이 불안했다. 때로는 그냥 호흡하거나 음식을 먹으려는 순간까지 그런 감정이 불쑥 튀어 올라 나를 잠식했다. 이런 공포는 나의 일상에 엄청난 영향을 미쳤다.

그때까지도 여전히 성과주의식 사고에 갇혀 있던 난 어떠한 대가를 치르더라도 아름다운 외형만큼은 유지하려 애를 썼다. 그러다 보니 정말 가깝고 믿을만한 주변 지인들에게만 실제 상태를 털어놓았다. 그 외 사람들에게는 날마다 완벽한 미소로 감췄다. 그리고 들키지 않을 거라는 희망과 그래도 혹시 누군가 알아채지 않을까 하는 불안 사이에서 떨며 살아야만 했다.

그때 느꼈던 두려움을 '내 수호천사'라고 표현할 수 있게 된 건 수년간의 과정 덕분이다. 고전적인 심리학자들과 요즘 유행하는 현대의 라이프 코치 인플루엔서Life coach influencer들은 이 과정을 '#성격개발'이라 부른다.

첫 공황발작이 있었던 그 시점에 누군가 내게 '수호천사'를 언급하거나 '모든 위기는 성장의 기회다'라는 일종의 심리적 조언을 늘어놓았다면, 솔직히 내 성격상 정신이 나간 거 아니냐고 화를 냈을 것이다. 당시 나의 자아는 이런 건 똥이라 생각하고 그저 눈앞에서 치워버리는 데 급급했을 테니까. 그것도 가능하다면 영원히.

심리학자이자 치료사가 된 지금도 현명함을 뿜어내는 눈을 동그랗게 뜨며 공감 가득한 목소리로, "고통도 인생의 일부랍니다."라고 말하는 방법은 여전히 선호하지 않는다. 그런데도 내 인격이 발전했다고 느낀다. 이유는 그 당시 내가 겪었던 시련과 나를 지배하던 불안과 공황에 의미를 부여할 수 있게 되었기 때문이다.

두려움은 나를 나 자신 그리고 타인과 이어주는 데 그 의미가 있었다. 그리고 내가 '퍼포먼스-덫'에서 벗어날 수 있도록 날 이끌어주었다. 언제나 자신감 넘치던 내 마음에 불안을 흘려 넣은 공황발작이 없었더라면, 예전에 그랬듯 난 지금까지도 나 자신은 물론 주변 사람들과도 제대로 된 관계를 형성하지 못한 채 그렇게 아등바등 살고 있었을 것이다. 물론 공황발작을 다스리는 것에 다소 시간이 걸렸고, 그 길이 절대 쉽지 않았다. 하지만 그러한 실존적인 감정을 통해 진정한 나의 존재를 발견하고, 온전히 내 인생이라고 느끼는 나 자신만의 삶을 조금씩 만들어갈 수 있었다.

당시 사건으로 나는 타고난 성격을 바꾸고, 사고와 행동을 거꾸로 뒤집어 처음부터 재정비하고, 그 길에서 타인과 동행하기 위해 전문가에게 교육을 받았다. 그렇게 두려움은 내 개인적인 성장을 이끌어낼 뿐만 아니라 내 평생의 직업으로 이끄는 계기가 되었다.

이제 난 날마다 진심으로 사랑하는 일을 한다는 벅찬 감정으로 하루를 시작한다. 한때 내가 그랬듯 막막한 장벽에 부딪히고 고통스러운 압박에 짓눌린 사람들이 그 괴로운 감정에서 벗어나 용기를 가지고 겸허히 그리고 삶에 대한 열정으로 제 길을 걷도록 지원할 수 있다. 또한 곁에서 그들이 흥미를 느끼고, 그들의 삶을 다채롭게 해줄 일을 시도해보라고 영감을 줄 수도 있다.

그리고 이제는 오롯이 나만의 방식으로 행동할 수 있다. 연기하지 않고 딱 필요한 만큼의 진심에 약간의 유머와 미소를 더하는 깊이 있는 방식으로 말이다.

내가 굳이 두려움을 수호천사라고 부른 이유가 이제 좀 이해가 가는가? 두려움과 마주한다는 것이 설령 그리 대단해 보이지 않더라도 여러분의 잠재력을 발산하는 일인 것은 분명하다!

위기라는
선물

위기란 불확실한 것이다. 더는 옛 방식이 먹히지 않고, 아직 새로운 방식이 등장하지 않은 상태에서 무언가를 배워야 하는 그런 상황을 말한다. 나에게 있어 변화란 위기를 이겨내기 위해 용기를 내는 것을 의미했다.

기본적으로 치료사는 위기를 부추기고 선동하는 사람이다. 날마다 내담자와 상담을 거듭하며 변화의 과정에 동반하고, 곁에서 내담자가 불확실한 상황을 이겨내도록 돕는다. 종종 내담자 중에는 어떻게든 그 위기를 당장 멈춰주기를 바래 치료사가 직접 개입하는 것을 원하기도 한다. 예전에 내가 그랬듯, 두려움에 자신이 잠식당하지 않도록 말이다.

이 심리는 더는 우울한 감정에 빠져 허우적거리고 싶지 않기 때문에 생긴다. 이런 상황에 부닥친 사람은 무엇보다 꼬리에 꼬리를 무는 부정적인 사고의 순환이 멈추고, 몸의 컨디션이 예전처럼 회복되기만을, 그것도 되도록 빨리 되기만을 간절히 바란다. 그러면 전부 다시 '정상'이 될 거라 믿는 것이다.

이때 만약 치료사가 당장 특효약을 처방하지 않는다면 어떨까. 심지어 치료사가 "당신이 지금 느끼는 고통과 불편한 감정이 이끄는 대로 따르세요. 그것이 중요합니다."라고 말한다면 어떨까. 당신은 찬물을 뒤집어쓴 것처럼 크게 당황하고 실망할 것이다.

심리 치료사로서 난 무엇보다 사람들이 위기에 잘 대처할 수 있도록 최대한 격려하는 것을 중요하게 생각한다. 특히 모든 감각을 총동원하여 그 과정을 생생히 느끼라고 조언한다. 두려움, 공포, 고통, 무력감, 분노, 슬픔과 같은 감정으로 괴로워도 묵묵히 견디며 걷다 보면 언젠가 다시 새로운 것, 그리고 더 나은 것이 우리를 기다리고 있을 것이라고 말이다. 솔직히 우리를 기다리고 있는 것이 무엇인지는 나도 정확히 알지 못하지만, 나 역시 그렇게 한다고 덧붙이며 내담자를 격려한다.

심리 치료사로서 지금까지 동반했던 여러 치료과정과 개인적인 경험(특히 두려움에 관한 것)을 통해 '오직' 믿음만 있다면 성장할 수 있다는 사실을 잘 알고 있었다. 그러니 구태여 해결책을 찾으려 애쓸 필요가 없다. 우리의 시야를 막는 장벽이 허물어지는 순간 자연스레 그 모습이 나타날 것이기 때문이다.

다시 말해, 위기가 전하려는 메시지를 제대로 바라보고, 듣기만 하는 것으로도 충분히 변화할 수 있다. 우리 앞에 등장한 변화에 마음을 열고 받아들이며 거기에 필요한 발걸음을 내딛기만 해도 새로운 것을 배우고, 그것을 우리 삶에 반영할 수 있다. 그렇게 노력하다 보면 그에 대한 보상도 따를 것이다.

위기를 기회로 성장한 우리의 삶은 더없이 풍요롭고 충만해질 것이다.

위기로
성장하기

2020년 초, 우리는 지금까지 겪어보지 못한 완전히 새로운 차원의 위기와 맞닥뜨렸다. 전 세계의 균형을 모조리 무너뜨린 코로나19는 우리에게 통제의 환상을 거둬갔다. 나 자신 혹은 지금까지 나와 함께했던 내담자들이 애써 힘겹게 유지했던 통제에 대한 훈련이 심하게 요동치는 바닥으로 추락해버린 것이다.

이 경우 나는 일반적으로 해당 인물이 그전에 통제를 얼마나 추구했었는지에 따라 위기의 강도 혹은 그와 관련된 충돌력이 정해진다고 생각한다. 신체는 스트레스, 영양 및 관리와 관련된 것에서, 마음은 이롭지 못한 사고와 신념에 귀를 기울인다. 그리고 여러분은 주변에서 계속 걱정하는 사람들의 말을 경청하며 무엇이 옳은 길인지 말하는 내면의 소리를 듣기 마련이다.

위기란 다양한 모습으로 우리 앞에 등장한다. 두려움, 우울증, 번아웃, 수면장애, 만성 통증, 대인관계 혹은 직장 문제와 같이 개개인에게 모두 다른 징후로 나타나 우리 삶이 뭔가 조화롭지 않다는 사실을 입증하곤 한다. 그리고 코로나19 사태로 뚜렷해졌듯, 위기란 사회 전반은 물론 더 나아가 전 세계에 파란을 일으킨다. 이에 대처할 자신만의 방법을 긴급히 모색해야 할 정도로 그것은 각각의 부분에 엄청난 파급력을 행사한다.

위기를 유발한 요소라고 해서 항상 부정적이거나 위협적으로 다가오는 것은 아니다. 때로는 매우 호감형으로 보이는 새로 부임한 상사가, 혹은 마음을 다해 애정을 쏟는 새 가족일 때도 있다. 또 오랫동안 기다려온 임신, 항상 꿈꿔온 이상형과의 만남, 수년간 소망했던 승진이 갑자기 위기 유발 요소로 둔갑하기도 한다. 여기에는 공통점이 하나 있다. 이런 위기 유발 요소가 등장하면 기존 시스템의 균형이 붕괴한다는 점이다. 코로나19 사태의 경우 개개인 혹은 글로벌 차원의 사회를 상징하던 시스템이 코로나19 팬데믹이라는 스트레스에 노출된 후 자동으로 보여주고 싶은 모습을 연기하듯 행동하는 퍼포먼스 모드로 전환됐다.

퍼포먼스 모드에 돌입하면 우리는 곧장 두려움에 굳어버리거나 과격한 행동을 통해 불쾌한 감정이 일어나지 않도록 감정을 나눠 배치하며 통제 욕구를 충족시킨다. 추후에 보다 자세히 설명하겠지만 이때 퍼포먼스 모드의 핵심 요소는 공포패닉, PANIC 또는 몰아가기드라이브, DRIVE다. 해당 모드는 위기가 전개되는 초반에는 지극히 정상적이고, 납득할 만한 수준이다. 하지만 두려움이 지속되거나 혹은 극단적인 활동 욕구만 강요받는다면, 만성적인 스트레스 반응 외에도 각각의 위기 뒤에 숨겨진 가치 있는 성장 기회를 전부 놓치고 말 것이다.

퍼포먼스 모드에서 벗어나 성장을 향해 나아가려면 일명 케어 시스템CARE System이 필요하다. 케어 시스템은 우리가 자신 및 타인과 접촉하여 위기를 극복하도록 하고, 무엇을 배워야 할지 알아차리도록 돕는다. 이 시스템은 위기 과정에서 얻은 깨달음을 진심으로 받아들이도록 한다.

어쩌면 누군가는 이 코로나19 시기 동안 일상에서 사람들과의 접촉이 줄어든 것을 오히려 반겼을지도 모른다. 그리고 꼭 파티에 가지 않거나 멋진 파티 주최자가 되지 않아도 우정을 유지할 수 있다는 사실도 깨달았을 것이다. 아니면 재택 근무하며 다른 사람 눈치를 보지 않고 규칙적인 휴식을 취한 덕에 훨씬 능률이 올라 일을 신속히 끝낼 수 있다는 장점을 깨달았을 수도 있다. 그래서 후에 회사로 복귀하더라도 근무시간 중에 이러한 휴식 시간을 마련해야겠다고 결심했을 수도 있다.

어쩌면 이 위기의 시간 동안 주변에서 정말로 내게 중요한 사람이 누구인지 혹은 사무치도록 보고 싶은 이가 누구인지 깨달았을 것이다. 그랬다면 체면이나 자존심을 내세우며 연락을 주저하던 태도를 던져버리고 (다시) 그 사람들과 만나게 될 것이다. 또는 지금 하는 일이 성취감을 주지 않고, 생각했던 나의 모습과 맞지 않다는 깨달음을 얻었을지도 모른다.

그렇다면 여러분을 더욱 단단하게 만들고 과감히 새로운 길을 걷도록 밀어주며 인생을 충만하게 해줄 바로 그것을 찾는 데 이 위기에 숨겨진 힘을 사용할 것을 권한다.

코로나19로 시작된 위기가 세상을 잠식해버린 이 시기에 내가 함께했던 내담자들의 문제는 코로나19로 인한 두려움이 아니었다. 그것보다는 코로나19로 뚜렷해진 문제를 해결하는 데 관심을 보였다. 코로나19로 모두가 심한 타격을 입고 힘들어했지만, 어떤 사람은 이 일을 계기로 지금까지 인생에서 결코 없었던 용기와 힘을 끌어내는 데 성공했다.

한 커플은 코로나19라는 복병에도 케어 시스템을 통해 그들에게 정말로 중요한 것이 무엇인지 깨닫고 마침내 약혼을 결심했다. 반면 함께 보내는 시간이 늘어나면서 오히려 사이가 악화된 부부도 있었다. 끝내 더는 싸우는 것으로 시간을 허비하고 싶지 않다는 결론을 내린 그들은 이혼을 결정했다. 또한 과거에 극복했다고 믿었던 두려움이 재발한 까닭에 다시 찾아온 고객은 과거를 재탐색하는 과정에서 치유해야 할 문제가 무엇인지 깨닫기도 했다. 그 밖에도 코로나19로 강제적인 속도 줄이기를 한 후에야 그간 누적된 피로가 심각했었다는 사실을 자각한 내담자도 있었다. 그는 이 계기를 통해 자신이 지난 몇 년간 얼마나 무리했었는지 깨달았다.

내담자들이 퍼포먼스-덫에서 빠져나온 후, 접촉성이 강화되고, 지속적인 변화가 이어지도록 나는 내담자 전원에게 각기 다른 형태의 '6단계 프로그램'을 시행했다. 위기를 성장의 동력으로 활용하는 법을 배우고 싶은가? 그렇다면 이 책을 통해 우리가 함께 경험할 변화를 즐기길 바란다.

진정한 연결,
접촉

　　나는 변화란 언제라도 가능하다고 믿는다. 그리고 변화로 향하는 그 발걸음이 마냥 힘들기만 한 것이 아니라 제법 즐거울 수도 있다고 확신한다. 그리고 그 과정에서 나는 코칭, 심리 치료, 상담 치료의 방식을 전적으로 신뢰한다. 실제 치료사와 접촉하여 코칭 혹은 상담을 받은 내담자를 보면 그 효력이 뚜렷하게 나타나기 때문이다. 이때 접촉이란 단순한 공감대 형성이 아닌 서로에게 제대로 연결되는 것을 말한다.

　　우리는 자기 자신의 모습에서조차 늘 같은 것만 찾으려 한다.

분명 존재하는 자신의 일부인 또 다른 자아를 억누르거나 배제하는 경향을 보인다. 하지만 그런 태도를 버리고 자신의 참된 모습을 마주한다면, 억제하던 자아가 가진 공통점에 접촉함과 동시에 타인은 물론 자신에게서 느껴지는 차이점 또한 인정하게 될 것이다. 이러한 연결을 통해 진실되고, 내게 양분이 되는 진정한 결속이 가능해진다.

타인과의 관계에서 우리를 성장하게 하는 접촉이란 나눔을 기반으로 이뤄진다. 이는 상대의 직함이 무엇인지, 일궈낸 성과가 무엇인지와는 무관하게 상대의 본모습을 공유하는 것을 뜻한다. 예컨대 내 기억 한 편에 남아 내게 감명을 주는 책을 생각할 때마다 그 내용을 집필하고 주제를 풀어낸 저자가 어떤 사람인지 직감적으로 떠오른다.

그런 점에서 나는 이 책을 다음과 같이 시작할 수도 있었을 것이다.

'내 이름은 야스민 카르발하이로이다. 심리학자인 동시에 공인 비즈니스 코치이자 그 밖에도 마음챙김 트레이너, 회복 탄력성 트레이너, 게슈탈트 치료사, 신체 치료사로 활동 중이다. 주요 활동 분야는 두려움, 스트레스 관리 및 마음챙김이다. 그리고 개인 및 그룹 상담을 제공하며, 정기적으로 워크숍과 세미나를 개최하고 있다.'

혹자는 이런 내용만 읽고도 분명 '저 여성이 마음챙김 및 개인의 성장 주제에 대해 제법 할 말이 있겠구나.' 하고 설득당할지도 모른다. 그렇지만 다른 누군가와 소중한 무언가를 공유하려할 때 그저 지금까지 이룬 성과와 직함만 보고 섣불리 상대를 판단하면, 결국 퍼포먼스-덫에 빠져 큰코다치게 된다.

또한 지금까지 이룬 것만을 토대로 나 자신의 모습을 정의하는 경우도 마찬가지다. 이렇게 되면 상대가 확실한 사실 외에 진정한 나의 모습을 깊이 생각하고, 관심을 두도록 허락하지 않는셈이다. 행여 누군가 우리에게 성향이 비슷하다거나 혹은 "그거흥미롭게 들리는데, 좀 더 알고 싶다."라는 뉘앙스를 풍겨도 그런 말들을 흘려듣기 십상이다.

그 밖에 시중에는 지혜가 가득 담긴 자기계발서가 셀 수 없이많다. 그렇지만 저자가 전하려는 내용이 실제로 와닿는지 아닌지는 독자가 어떤 사람인지 그리고 그 독자의 마음을 움직이는것이 무엇인지에 달렸다고 생각한다.

오늘날 난 심리학자이자 심리 치료사가 되었다. 이 시점에서내가 걸어온 길을 돌이켜보면, 처음 공황발작이 발현됐던 그 순간에 내게 심리 치료를 받아보라 권한 사람이 전혀 없었다는 사실이 몹시 비상식적으로 느껴진다. 하지만 인생은 항상 우리를

Chapter 1 나는 정작 나를 알고 있는 걸까?

25

위해 존재한다. 따라서 우리가 경험하는 모든 일에는 나름대로 의미가 있다고 확신한다. 그 당시 할 수 있는 모든 의료기관의 여러 의료진에게 광범위한 검사를 받지 않았더라면, 지금까지도 그때 불현듯 찾아온 그 증상이 신체적 원인으로 생긴 것은 아닐까 의심했을 것이다. 거듭되는 진찰을 통해 결국 난 그것이 정신적 문제라는 걸 받아들여야만 했다. 그리고 과거에 나라고 생각했던 모습과는 눈곱만큼도 맞지 않은 내 상태로 인해 그때까지 완벽하게 유지하던 내 겉모습에 쩍하고 금이 가버렸다.

곰곰이 돌이켜보면 난 애초에 근본적으로 내게 맞지 않은 방식만 골라 날 치장했다. 옷 사이즈부터 직장, 여가를 보내는 방식, 연인관계와 친구관계 등. 그중에서도 특히 스스로에 대한 생각과 대하는 방식이 가장 심각하게 맞지 않았다.

그 사실을 깨달은 순간, 난 삶의 모든 영역을 전부 뒤집어 탈탈 털어내고 깨끗이 청소하기 시작했다. 이제는 그때 조금도 망설이지 않고 곧장 나의 정신이라는 건설 현장에 과감히 손댄 나의 결단력에 감사하고 있다. 덕분에 오늘의 난 거의 모든 부분에서 내가 겪은 경험을 공유할 수 있게 되었다.

"전 항상 잘못된 남자한테 빠지고 말아요!"

"아이를 갖고 싶은데 최근 몇 년간 헌신이라고는 전혀 없는 공허한 연애만 하고 있어요."

"내 자존감은 지하실 어딘가에 처박혀 버렸어요. 이럴 때는 도대체 어떻게 해야 할까요?"

"돈은 잘 버는데 이상하게 전혀 즐겁지 않아요."

어떤 질문을 하는 내담자라도 내면의 갈등을 이해하고 충분히 공감하며 상담을 할 수 있다. 이런 감정과 내적 갈등을 나 역시 경험했던 부분이기 때문이다. 예시로 든 사례가 너무 다방면이다 보니 공통점이라고는 전혀 없는 주제로 들릴 수도 있을 것이다. 하지만 나의 경험상 이런 고민은 앞으로 상세히 설명하려는 것처럼 전부 퍼포먼스-덫과 관련이 있다.

나와
접촉하기

　　　　　이어지는 장에는 위기에서 벗어나 성장에
도움이 될 실용적인 조언을 적어두었다. 이것으로 퍼포먼스-덫
에 빠져 인생에 꼭 필요한 연결을 하지 못한 채 생활하고 있는
것은 아닌지 직접 확인할 수 있다. 테스트를 통해 초기 증상을
발견한다면, 인생에 변화를 시도해야 한다는 깨달음으로 이어
지길 바란다. 더불어 그 변화 과정에서 더 밀도 높은 회복을 달
성하려면 어떻게 해야 하는지 구체적인 방법도 제시하고 있다.

　　앞으로 그라운딩GROUNDING, 디톡싱DETOXING, 러빙LOVING, 본딩

, 바운딩 , 그로잉 을 주제로 내가 심혈을 기울여 고안한 6단계 프로그램을 소개할 것이다.

6단계를 차근차근 따라가면 내면의 안정을 찾고, 마음이 전하는 지혜를 깨닫고, 여러분의 관계를 되돌아보고, 또 개선하게 될 것이다. 그리고 더 나아가 자신의 한계를 인지하는 법을 배운 후 이를 유념한다면 비로소 완전한 통합과 성장에 필요한 준비가 완성되는 것이다.

또 자기 계발, 마음챙김 명상 그리고 게슈탈트 심리 치료^{Gestalt therapy}처럼 시간을 많이 허비하지 않아도 가능한 다양한 훈련법을 소개할 것이다.

앞으로 소개하는 사례는 내담자의 실제 사례를 근거로 제시하기에 실물을 유추하지 못하도록 실명과 사연을 조금씩 각색했음을 먼저 밝힌다.

우선 보여주기식 자아인 '퍼포먼스-나'가 지배적인 삶의 경우 여러 영역에 나타나는 위기와 더불어 압박으로 이어지는 고통이 어떠한지 살펴보자. 동시에 진정한 나와 제대로 연결되어 삶의 지휘권을 되찾고 자신을 압박하던 괴로움이 해소되는 과정 또한 세세히 설명하도록 하겠다.

사업에서 큰 성공을 거둔 기업인인 율리아라는 여성이 있다.

그녀는 사회적으로는 승승장구하지만, 여성이자 연인으로서는 자신이 없다고 털어놓았다.

"행복한 연인관계를 유지하려면 도대체 무엇을 어떻게 해야 하나요? 저는 이런 생각을 할 때마다 머릿속이 새하얘져요."

처음에 그녀가 멋지다고 생각했던 남성들도 막상 연애에 이르면 어떻게든 주도권을 잡으려 혈안이었다. 그리고 여성으로서 그녀의 가치를 평가절하했다. 그러다 보니 어느새 율리아는 연애 과정에서 상대가 하는 말에 속수무책으로 빠져들곤 했다. 그리고 괄목할 만한 인정을 쌓게 해준 직업적인 면의 퍼포먼스-나에 집착하기 시작했다.

하지만 율리아는 상담 치료를 통해 마침내 진정한 자신과의 연결을 받아들였다. 평소 똑똑하고, 강하고, 민첩하고, 창의적인 이 여성 기업인은 내면에 존재하는 여러 다른 모습, 즉 사랑스럽고, 당당하고, 가볍고, 열정적인 모습을 차츰 깨닫고 받아들인 것이다.

5단계 바운딩BOUNDING에서는 서로 다르지만, 날 찾아오기 전까지 퍼포먼스-덫에 빠져 있었다는 공통점을 지닌 두 남성의 사연을 소개한다.

베를린 출신의 작가이자 영화제작자 로버트와 캘리포니아 출신의 소셜 미디어 전문가 쿠퍼가 바로 그 주인공이다. 로버트는 반복되는 우울한 상황에 몹시 괴로워했다. 그의 아내는 타인에게 좀 더 관심을 가지라는 조언을 하며 그를 상담 치료에 보냈다. 반면 쿠퍼는 정확히 정반대의 문제로 힘들어했다. 평소 그는 주변인을 전부 기쁘게 해야 한다고 생각했다. 하지만 막상 진심으로 대하는 상대는 없었다. 그러다 보니 어느 순간 그에 대한 관심이 사라진 여성들이 그를 떠나는 일이 반복됐다.

두 사람 모두 깊은 내면 속 본인의 모습도, 퍼포먼스라는 가면 뒤로 숨은 자신의 진정한 모습도 전혀 알지 못했던 것이다.

퍼포먼스-덪은 꼭 대인관계 영역에만 등장하는 것은 아니다. 스스로 재정비하는 과정에서 자신의 삶에 제대로 맞닿아 있는지 혹은 전혀 닿지 않았는지 깨닫기도 한다. 인생을 살면서 종종 과한 요구로 생긴 피로감 혹은 방향성 상실이라는 증상을 겪고 있을 때 이 책을 읽는다면 더할 나위 없을 것이다. 또 의학적인 의미에서 정신적 또는 신체적 질환이 생길 수준은 아니지만, 살면서 때로는 (우울, 열등, 실패 등 부정적인 감정은 나에게 절대 있을 수 없다는 식의 태도 같은) 과한 자기긍정화 모드에 찐득하게 얽혀버린 기분이 들 때가 있을 수도 있다. 그럴 때 이 책에 수록된 연습이 특히 여러분의 회복 탄력성을, 다시 말해 힘든 시기에 꼭 필요한 정신적 저항력을 단련시켜주는 데 도움이 될 것이다. 만약 정신적 압박이 제법 심한 상태라면 책만 읽을 것이 아니라 꼭 전문가와 상담할 것을 권한다.

이 책은 심리적 비상사태를 이해하는 데 매우 유용하다. 우리는 종종 자신이 품은 욕구에 전혀 닿지 못하고 진정한 소망과 단절된 삶을 산다. 나는 그런 모습을 신호로 삼아 그 아래 숨은 심리적 증상을 이 책에서 다루려 했다. 바닥을 기는 자존감, 우울증, 두려움, 번아웃, 심신상관 문제, 대인관계 장애, 통제 불능 상태, 해가 되는 완벽주의, 자신의 욕구와 소망에 제대로 접촉하지 못하거나 시종일관 우울한 에피소드까지 매우 다양하다. 각기 저마다의 방식으로 자신을 고립시키며 퍼포먼스-덫에 몸과 마음이 잠식됐던 내담자들의 사례를 소개했다. 나와 상담했던 내담자들의 징후가 매우 광범위한 만큼, 분명 여러분에게 적용되는 사례를 한두 가지쯤은 찾을 수 있을 거라 생각한다.

이제 우리는 항상 더 나아져야 한다는 욕심을 내려놓고 지금의 모습 그대로를 수용하는 법을 연습할 것이다. 그러려면 무엇을 어떻게 해야 할지 살펴보는 동시에 진정한 나 자신의 모습부터 찾아야 한다. 하지만 꼭 명심하자. 이 과정은 더 완벽한 나 자신을 찾는 6단계 프로그램이 아니다. 혹시 지금 여러분은 자신을 보다 최적화할 방법이나 소위 자신의 '베스트 버전'에 이르는 법 또는 그런 목적으로 본인에게 '작업'할 기법을 찾고 있는가? 그렇다면 이 책은 적절하지 못한 선택이다. 또한 그런 여러분에게 필요한 사람은 분명 내가 아니다. 앞으로 내가 전달하려는 내용과 함께 훈련할 연습은 오히려 정반대다. 특히 무엇보다 끊임없는 자기 연출의 강박에서 자신을 해방하는 기능이 핵심이다. 이 기능은 지난 수년간 여러분의 손으로 자신의 몸과 마음에 덮어버린 막을 단번에 깨닫도록 도울 것이다.

진정한 나와의 만남을 추구하는 방법을 제시하는 것, 바로 그것이 이 책의 궁극적인 목적이다. 여러분 자신과 지금 살고 있는 이 세상과의 만남. 이로써 앞으로도 승승장구하며 많은 것을 성취하면서 세상이 아름다워 보이도록 말이다. 그런 인생이라니, 상상만 해도 짜릿하지 않은가?

진정한 접촉이란 제대로 자각하고, 스스로 책임지는 인생을 영위하는 것을 의미한다. 진정한 접촉은 자신과 타인을 제대로 알고, 제대로 보고, 제대로 접촉함으로써 인생에 진정한 관심, 정성, 책임감 넘치는 행동을 선사한다. 더불어 활력, 소속감, 존재감, 진심, 사랑을 배운다. 동시에 올바르게 위대한 삶이 지속적인 성장과 변화의 원동력이라는 사실을 깨닫게 될 것이다.

접촉이란 절대로 정적靜的이지 않다. 이는 살면서 겪는 과정인

동시에 자신의 인생에 던지는 새로운 질문이다. 그로써 여러분의 의식은 점점 확장되어 간다. 여러분은 호모 사피엔스 사피엔스_{Homo sapiens sapiens}, 즉 자신이 사고할 수 있음을 아는 인간이다. 우리는 무언가를 자각한 순간 자신이 인지하였음을 의식할 수 있는 인간이다.

이런 불변의 사실이 우리가 하는 행동에 자동적인 책임을 지운다. 그러므로 "난 그렇지 않아. 내가 왜 이렇게 행동하는지도 모르겠고, 그래서 내가 할 수 있는 게 딱히 없어."라는 무책임한 말을 함부로 내뱉을 수 없는 것이다. 자신을 사람으로 정의하는 한, 적어도 성인이 된 이후로는 호모 사피엔스 사피엔스로서 우리는 각자의 행동에 책임을 지고, 자신과 환경에 관한 지식을 습득해야 할 의무가 있다고 생각한다. 따라서 적어도 내가 왜 그렇게 행동하는지, 어떻게 행동할 것인지, 그 행동으로 인해 자신과 환경에 미칠 파장이 무엇인지 먼저 짐작하고 있어야 한다. 여러분은 책임 있는 행동을 할 수 있다. 날마다 이 세상에서 벌어지는 일에 의견을 제시하고, 여러분의 존재와 행동으로 스스로 생각한 답을 표출할 수 있다.

대답하는 능력, 즉 책임감을 갖춘 여러분은 본인의 인생을 디자인하는 데 그 능력을 충분히 발휘할 것이다. 물론 본인의 의사와는 상관없이 자동으로 그리고 때에 따라 무의식적으로 하게 되는 행동도 상당하다. 하지만 그렇다고 해서 그런 무의식적인 행동의 동기와 과정을 인지하는 것이 불가능하다는 의미는 아니다. 자각은 무의식적이고 자동으로 실행되는 과정을 의식 상태로 이끈다. 그리고 여러분이 어떤 방식으로 반응할 것인지 스스로 책임을 지는 결정을 내리도록 돕는다. 어쨌거나 세상이 정한 대로 아무렇게나 생각하고 느끼는 것보다 자각하고 스스로 판단해서 행동하는 것이 훨씬 멋지지 않은가!

다시 말하지만, 호모 사피엔스 사피엔스인 여러분은 태어날 때부터 인식하는 능력을 타고났다. 즉, 그런 능력을 자신에게 심으려 달리 노력할 필요가 없다. 복근처럼 이미 여러분 내면에 존재하기 때문이다. 당장 눈에 보이지 않는다고 해도 분명 식스팩이 잠재적이나마 우리의 뱃살 아래 있다는 사실을 우리는 알고 있다. 그러니 "미안해요. 내 몸에 애당초 그런 근육이 있다는 걸 잊었나 봐요."라고 말하지 말자. 다만 잊었던 인식을 제대로 인지하려면 선명한 식스팩 만들기 만큼이나 강도 높은 훈련이 필요하다는 것도 잊어서는 안 된다. 그 능력을 활용하고 단련시키는 것이 바로 여러분이 책임져야 할 부분이다. 그리고 그것이 이 책에서 배울 내용이기도 하다. 앞으로 거듭되는 연습을 통해 자신을 좀 더 제대로 깨닫는 법을 배우고, 세상은 물론 나 자신과 자동으로 유대하는 길을 찾을 수 있을 것이다.

이 책에는 인지 및 자각 연습 외에도 자기 관리와 자기 가치 평가에 필요한 전략이 수록되어 있다. 그것으로 평소 스트레스가 폭발하던 상황에서 선택할 수 있는 폭을 넓힐 것이다. 과거 여러 내담자가 그랬던 것처럼 이런 방법이 누군가와 다시 관계를 형성하고, 활력과 소속감, 자존감, 진정성, 사랑을 경험하는 데 도움이 된다. 활력이 넘치고, 다정하고, 참된 애정을 만끽하는 순간 여러분은 누군가와 유대하고 있다는 감정을 누리는 것을 넘어 타인의 마음을 보듬어 줄 것이다.

개인적으로 나는 내 말에 귀를 기울이고, 관심과 시간을 아낌없이 쏟는 내담자의 모습을 곁에서 지켜볼 때마다 벅차오르는 감동을 받곤 했다. 마음을 다해 오롯이 집중하는 것보다 상대에게 선사할 수 있는 귀한 선물은 없다. 활력, 소속감, 자존감, 진정성, 사랑을 토대로 삼을 때 시간의 효율성을 극대화, 100가지 일을 동시에 처리하면서도 절대 세련된 외모를 잃지 않기, 명철한 정신과 아름다운 신체를 유지하여 누군가 여러분을 떠올릴 때 진정한 모습보다 완벽한 모습만이 연상되도록 더욱 높게, 빠르게, 멀리를 주야장천 외치는 자기최적화 캠프의 스파르타 훈련보다 훨씬 아름다운 광채로 빛날 것이다.

접촉된-나로
향하는 길

      이 책에서 내가 전하려는 내용은 퍼포먼스-나에서 벗어나 모든 것과 '연결된 나'로 향하는 길이다. 그 길 중에는 내가 직접 경험했고, 또 내게 치료와 코칭을 받은 여러 내담자가 성공적으로 완수한 지름길이 있다.

    처음으로 정신적 문제를 마주했던 그때, 수년간 힘들게 쌓아온 지식과 나의 경험에 부합한 많은 것들이 무용지물이었다. 지금 내가 알고 있는 지식을 갖춘 누군가가 내게 손을 내밀어 당시 경황없던 날 도와주었더라면 정말 고마웠을 것이다. 더욱이 두려움에 휩싸여 존재 자체의 충격과 그 여파를 몸소 겪기 전에 그런 도움을 받을 수 있었더라면 더할 나위 없었을 것이다.

퍼포먼스와 연결이라는 주제와 관련하여 이 책에 수록된 테스트를 활용하면 여러분의 현 상태를 정확히 파악할 수 있다. 이 테스트를 통해 지금 내가 퍼포먼스-나 상태인지 확인해보자. 그리고 퍼포먼스-나를 어떻게 다루면 좋을지 추천한 나의 제안을 따라보자. 여러분이 얼마나 변화했는지 비교하는 데 유용한 지표로 활용할 수 있을 것이다.

각자의 방식으로 위기를 극복하고 진짜 내 인생이라고 느끼는 삶을 차곡차곡 쌓아가는 내담자들의 소식을 듣거나 메일로 읽을 때마다 심장이 두근거린다. 그들은 베를린 상담실에서 근무했던 몇 년간 두려움, 외로움, 우울증, 다람쥐 쳇바퀴 같은 스트레스, 불행한 대인관계 및 유사 고민거리를 훌훌 털어버리고 진정한 자신과의 연결을 통해 행복해지는 데 성공한 여러 특별한 사연의 산증인들이다.

이들 중 "그저 지금까지 해온 대로 했을 뿐인데, 어느 순간 전과 완전히 다른 충만한 삶이 되었다."라고 한 사람은 아무도 없었다. 지금과 전혀 다른 삶을 원한다면 지금과는 완전히 다른 방식으로 접근해야 한다.

"필요성을 자각하고 사물의 배경을 묻고 새로운 길을 걸으며 그에 걸맞은 행동하기"

이것이 바로 이 책으로 전하려는 메시지다. 그렇다면 딱히 좋을 게 없는 성과주의식 습관적 행동을 던져버리고 자신 및 타인과의 건강한 관계를 느끼며 충만한 삶을 구축하는 방법이란 무엇일까? 이제 그 비법을 여러분에게 소개하려 한다. 함께 시작해보자!

Chapter 2

어떤 것이
진짜 나일까?

퍼포먼스-덫

Connect me

지금까지 퍼포먼스-나와 퍼포먼스-덫이라는 개념을 몇 차례 언급했다. 이 장에서는 이런 용어로 무엇을 말하고 싶은 것인지 좀 더 자세히 설명하고자 한다. 또한 이 책의 바탕이 되는 심리학적 유형이 무엇인지도 함께 소개한다.

본성
혹은
허상 모드

우리는 태어날 때부터 남에게 인정받고 싶은 욕구가 있다. 부모 혹은 우리 행동과 사고의 지침이 되는 관련 인물의 애정과 인정을 바란다. 이런 마음은 훗날 친구, 배우자, 직업적 및 사적 관계로 확장된다. 존재를 인정받는 과정을 통해 우리는 이 세상을 경험하고 어떻게든 그 평가에 따라 해야 할 행동양식의 정의를 내린다. 타고난 나 자신을 그대로 인정받거나 혹은 거부 당하는 과정을 겪는다. 이를 통해 그것이 본성 모드든, 허상 모드든 앞으로 인생에서 추구하려는 방식이 결정된다.

본성 모드인 우리는 타고난 본모습 그대로 세상을 경험하며 함께 사는 주변인들에게 타고난 천성을 가감 없이 그대로 보여 준다. 근본적으로 별도의 긴장감 없이 즉흥적이고 생동적으로 행동한다.

반면 허상 모드인 우리는 단편적이거나 추구하는 모습에 따라 생활하며 타인에게 그러한 모습만을 허용한다. 그런 만큼 유독 억제되고, 통제된 분위기가 강하다. 허상 모드인 우리는 하나의 역할을 연기하듯 자신의 모습을 바꾼다. 주로 의식적으로 이런 퍼포먼스를 취하기도 하지만, 아주 어릴 때부터 허상 혹은 퍼포먼스 모드로 생활하다 보면 저도 모르게 이런 상태에 익숙해지기도 한다.

퍼포먼스performance는 영어로 연기와 공연이라는 의미 외에도 성과 및 능률이라는 의미가 있다. 이 책에서 언급하는 퍼포먼스-덫 유형은 성과와 연기, 이 두 가지 요소가 핵심이다. 성과란 정해진 시간 내에 한정된 에너지로 특정 결과물을 끌어내는 것이라 정의할 수 있다. 연기란 대중 앞에서 특정 모습으로 보이는 행위를 의미한다.

물론 성과 지향적이든, 연기 지향적이든 그것이 무조건 잘못됐다고는 할 수 없다. 두 가지 요소가 동시에 일어나도 마찬가지다. 다만 의도한 결과물을 얻으려는 목적으로 쓰인 에너지가 문제가 된다.

인생에는 성과를 얻으려 연기를 해야만 하는 상황이 산더미 같다. 이를테면 면접을 보러 갈 때, 상사 혹은 파트너에게 결과를 발표할 때, 아이디어를 제출할 때, 첫 번째 데이트 때, 특정 유치원 혹은 학교에 아이를 보내야 한다고 배우자를 설득해야 할 때 등 일일이 예를 들자면 셀 수가 없을 정도다.

'퍼포먼스-나'란 목적을 이루기 위해 타인 앞에서 특정한 모습을 연기하는 데 쓰이는 에너지이자, 나의 인격 안에 존재하는 단편적인 한 부분을 의미한다.

퍼포먼스-나는 삶의 여러 상황에서 몹시 유용했을 것이다. 일반적으로 원하는 것은 거의 다 쟁취했다고 말하며 본인이 정한 목표를 달성하고 관용적인 의미의 성공을 이룬 사람들은 대부분 강한 퍼포먼스-나의 소유자이다.

사회의 발전을 위한 가치 측면으로만 평가하자면 자기 능력의 최적화를 통한 경쟁력 향상은 꼭 필요하다. 그러니 이런 경향을 완전히 배제하거나 단순히 악이라고 단정 지을 수 없다. 또한 인생에서 시시각각 변하는 환경에 적응하려면 필수 불가결한 요소이기도 하다. 다만 우리가 신체와 정신을 훈련하며 개인적인 성장을 이루기 위해서는 지금은 잠시 내려놓아야 한다는 의미다. 이런 성향은 인생과 근본적인 욕구를 충족하는 목표에 좀 더 집중하는 경향이 있기 때문에 더욱 그렇다. 따라서 지금은 무엇보다 성과 및 연기 지향적 성향에 동기부여를 한다는 의미가 무엇인지, 그리고 어떤 방향으로 나아가야 할지 놓치지 말고 주시하는 것이 무엇보다 중요하다.

삶에서 무언가를 심사숙고하고, 누군가와 이야기 나누고, 시간과 공간을 함께 공유하는 즐거움을 통해 얻는 성취감은, 어떻게든 성과를 내야 한다는 경험을 바탕으로 오롯이 결과물을 얻는 데만 집중한 감정과는 처음부터 동기 자체가 다르다.

통제에 대한
욕구

　　나날이 발전하는 기술에 정신없이 적응해
야 하는 사회에서 성과란 방향성을 제시하는 지표로 작용한다.
수십만 년 전, 불, 돌조각, 활과 화살을 사용하던 인류는 바퀴를
발명하고 사용하는 데 익숙해졌다. 4000년 전에는 태양을 활용
한 해시계와 회중시계가 발명됐다. 약 300년 전에는 탄광에 철
로가 설치되면서 자동차가 발명됐다. 그리고 그로부터 30년이
지나지 않아 인류는 동력을 활용한 최초의 항공기를 타고 비행
에 성공한다.

　　현재는 인터넷과 스마트폰의 등장으로 또다시 새로운 시대가

열렸다. 2019년만 해도 60초마다 무려 1,800만 건의 메시지가 전송됐고, 페이스북에 접속하는 횟수는 100만에 이르렀다. 또한 34만 7,000 스크롤링이 인스타그램에 게시되고, 1억 8,800만 이메일이 전송됐으며, 구글 검색창에서 검색한 횟수만 해도 무려 380만 회에 달한다. 이러한 기술적 진보는 계속해서 성장하고 진화해 점점 그 파급력이 커지고 있다. 또 사람의 몸과 정신에 지대한 영향력을 행사하고 있다.

이렇게 가파른 속도로 발전하는 멀티옵션 사회에서 살다 보면 어느 순간 자기 능력을 극대화하라는 유혹에 흔들릴 수밖에 없다. 이는 직장에서도, 일상에서도 마찬가지다. 당장 다른 누군가의 마우스 클릭 속도를 따라잡지 못하면, 나보다 더 뛰어난 성과를 증명한 누군가에게 내 자리가 빼앗길 거라는 불안감에 휩싸인다. 그리고 우리는 어떻게든 자기 확신을 얻고 싶은 마음에 자신을 더 몰아붙이고, 통제하려 애쓴다. 이럴 때 퍼포먼스-나는 우리 귓가에 속삭이며, 우리를 회유하는 것이다.

"스스로를 제대로 통제한다면 조금도 두려울 게 없어."

내 상담실을 찾아와 함께 연습하고 훈련한 내담자들은 대부분 앞서 설명했던 방식처럼 어떻게든 자신을 통제하려는 경향을 보였다.

또 이들의 공통점은 무엇보다 성과에 자부심을 느끼는 부모의 자식이라는 것이다. 이 부모들은 자식이 평생을 다해 이룬 자신들의 업적이라고 한다. 그래서 자식이 더 많은 성취를 할 수 있도록 열심히 뒷바라지했다고 말한다. 아낌없는 경제적 지원으로 고등 교육을 받게 해주거나 기타의 방식으로 우리가 고성과자_{하이 퍼포머, High Performer}가 되는 길로 밀어준 것이다.

나는 퍼포먼스-나로 발전한 과정을 살펴볼 때 이런 모든 측면을 함께 숙고해야 한다고 생각한다. 개개인의 발전이란 사회적 맥락에서 그 의미가 생기기 때문이다. 물론, 우리를 퍼포먼스-덫으로 몰아가는 건 단연코 '성과 지상주의 사회'만은 아니다.

아침에 아빠는 회의에 늦지 말아야 하고, 아들은 제시간까지 정확히 어린이집에 가야 한다. 엄마도 파트타임 출근 시간을 맞춰야 하는 바쁜 상황임에도 몸이 좋지 않아 집에 남는 아이 걱정에 엄청난 압박을 받는다. 사회적 시간과 조건에 맞춰 움직이는 것, 이런 상황이 전부 다 스트레스가 된다.

이렇듯 개인적인 욕구 측면에서 종종 완전히 무시해야 할 것처럼 보이는 것들 중 일부는 사회에서 정한 것이기도 하다. 그렇다면 '사회'란 무엇일까? 만약 우리가 사회의 요구를 충족시키지 못한다면 어떻게 될까? 갑자기 8,000만 명이 넘는 사람들이 성과를 상징하는 검지를 높이 치켜들고 현관문 앞으로 몰려와 여러분을 꾸짖을까? 그렇지 않다. 여러분에게 기대를 걸었던 것은 사회 전체가 아닌 몇몇 개개인에 불과하다. 그렇기에 여러분은 오롯이 자신만의 결정을 내려도 된다. 그리고 그 기대에 부응하고 싶은지, 아닌지 그리고 어떤 방법을 쓸 것인지도 내가 결정하면 된다.

적극적으로 결정을 내려야 스스로 정한 규칙을 제대로 따를 수 있다. 즉, 본인의 의지에 따른 주도적인 결정으로 영향력을 행사함으로써 '사회'의 희생양에서 벗어날 수 있다.

즉, 앞서 예로 든 상황에서 엄마, 아빠는 아픈 아이라는 개인적 상황과 출근 시간이라는 사회적 상황 속에서 자율적으로 결정을 하는 것이다. 회의 시간에 다소 늦더라도 아빠는 회사에 양해를 구하고, 안전하게 아들을 어린이집에 데려다주는 것에 가치를 두는 것이다. 설령 이날의 회의가 인사고과에 반영이 되는 것이라도 말이다. 또 엄마는 아픈 아이를 두고 전전긍긍하며 파트타임에 가기보다는 아이를 사랑하는 자신의 본성에 따라 사정을 이야기하고 하루 휴가를 얻을 수 있도록 상사에게 연락을 해볼 수 있다. 물론 엄마 아빠의 역할을 바꾸어, 아빠가 휴가를 내고 엄마가 아들을 안전하게 데려다 준다고 해도 달라지지 않는다. 여기서 포인트는 사회적 조건을 맞추기 위해 무리해서 괜찮은 척 자신의 본성이 보내는 신호를 무시하지 말라는 것이다.

이로써 사회적인 성과에서는 빗겨날 수 있지만, 분명 개인적인 행복에는 가까워질 것이다.

여러분에게 무언가를 기대하는 사람이 있다면, 단도직입적으로 성과와 관련하여 달성 가능한 부분과 그렇지 않은 부분을 명확히 선을 긋는 것으로 주도권을 되찾을 수 있다. 그리고 이때 주도권은 스스로 내린 결정이 자신에게 무리한 성과를 요구하는 것은 아닌지 스스로 인식한다는 의미이기도 하다. 이렇게 자신의 방향을 인지한 후 이를 계속 유지할 것인지, 아닌지를 결정해야 한다.

다시 말해 우리의 결정이 외부 세력에 의해 좌우되고 스스로 희생하는 삶을 용납하고, 너무 오랫동안 그런 상황에 갇혀 있다 보면 특정 목표를 이루기 위한 성과 중심 사고를 갖고, 연기하는 것이 일상이 되어 버린다. 그리고 이런 퍼포먼스-나는 우리에게 불행을 가져온다.

예컨대, 직장에 들어서거나 업무를 시작하자마자 더는 내가 나 자신이 아닌 것만 같은 감정에 빠져들기도 한다. 게다가 업무 종료 후에도 나의 일부분만 살아 있는 것 같은 기분에 잠식되기도 한다. 이는 다시 말해 타인의 호감 혹은 성과 달성을 위해 숨을 헐떡이며 햄스터 쳇바퀴를 달리는 것이라 할 수 있다.

만약 상사 혹은 동료와 대화할 때마다 내가 지닌 특정 성향만큼은 드러내지 않으려 노력한다면, 또 그것이 드러나면 어떤 식으로든 나의 단점으로 작용할 거라는 기분이 든다면, 이것이 바로 퍼포먼스-나 상태에 빠져 있다는 신호다. 그 밖에도 직장이든, 사적이든 타인과 교류할 때 주기적으로 극심한 피로감을 느끼고, 사회적 만남이 힘들어 혼자 있어야 다시 힘이 날 것만 같다면 그것이 바로 퍼포먼스-나 상태라는 강력한 신호다.

실제로 퍼포먼스 모드는 자각 여부와 상관없이 언제나 신체적 증상이 동반된다. 긴장과 압박이 다양한 형태로 나타나 호흡이 가빠지고 심장박동에 변화가 생긴다. 교감 신경계에서 제어하는 모든 프로세스가 퍼포먼스 모드에서는 유독 강하게 활성화된다. 반면 편안한 수면, 정상적인 배변 활동이나 긴장을 이완시켜주는 호흡처럼 긴장 완화, 재생, 에너지 저장을 담당하는 부교감 프로세스가 억제된다. 이러한 퍼포먼스 모드가 계속 유지되면 신체는 긴장과 이완이라는 자연스러운 균형을 잊는다. 그러면 신체에 만성 통증이 생길 수도 있다.

임원 비서로 근무하던 내담자가 있었다. 그녀는 상사에게 자신의 세 아이 중 한 명에 대해서만 알렸었다. 혹시라도 상사가 자신을 보며 '할 일 많은 엄마'이자 '커리어우먼이 되기에는 시

간이 없는' 여성이라고 판단하여 직장을 잃을까 두려웠기 때문
이었다. 아이들이 학교에 가는 시간보다 훨씬 더 이른 아침마다
그녀는 직장 상사와 화상회의를 했다. 그녀는 아이들에게 엄마
가 잠옷 바지 위에 정장 재킷을 입고 서재의 컴퓨터 앞에 앉아
있으면 아무 말도 하지 말고 조용히 아빠와 함께 아침 식사를 해
야 한다고 가르쳤다. 하지만 그녀는 이런 생활의 분리 문제로 결
국 심신상관 증상이 생기고 말았다.

"마치 누군가 돌덩이를 올려놓은 것만 같았어요."

그렇게 그녀는 퍼포먼스 모드에 갇혀버렸다. 그녀의 신체는
끊임없이 성과를 이뤄야 하는 상태에 적응해버리면서 상체와
하체의 교감과 부교감, 퍼포먼스와 휴식의 균형을 이루는 것을
망각했다. 증세는 신기하게도 신체의 상반신에만 발생했다. 허
리 아래로는 아프지 않았다. 그 이후 이 내담자는 정기적으로 가
슴과 복부 부위에 답답함을 느꼈고, 불쑥 그녀를 잠식하는 공포
와 공황과 맞서 싸워야 했다.

앞으로 여러분에게 앞의 사례처럼 소위 워라밸Work-Life-Balance
의 줄임말 문제로 힘들어하며 방문했던 내담자들의 다양한 사례를
소개할 것이다. 모든 부문에서 성과가 있도록 인생을 설정해놨
지만 그런데도 뭔가 옳지 않다고 느꼈던 사람들의 사연, 매일 성

과를 위한 쇼를 연기하면서 녹초가 되어 귀가하거나 이미 신체적 혹은 정신적 고통과 맞서야 했던 사람들의 사연 등이다.

사생활에서도 계속 뭔가를 해내야 한다는 감정에 사로잡혀 있다면 퍼포먼스-나는 우리에게 크나큰 시련이 될 수 있다. 이를테면 여러분이 사랑스럽고, 운동도 잘하고, 매력적이고, 호기심 많고, 성공했고, 항상 상대의 말을 잘 들어주고, 믿음직한 배우자이고, 인내심 넘치는 부모이고, 헌신적인 친구여야 한다고 생각한다면 말이다. 더군다나 이 전부를 동시에 그것도 꾸준히 유지해야 한다면 더욱 말할 것도 없다.

종종 내담자들은 온라인 데이팅 앱에서 겪었던 경험담을 들려주곤 했다. 그들의 사연을 들을 때마다 유독 내 눈에 띄는 부분이 있는데, 내담자들 중 다수가 첫 데이트부터 상대에게 요구하는 것이 있다는 점이었다. 또 상대에게서 무언가를 요구받아 세팅한 퍼포먼스가 있다면 서로를 알아가는 과정은 물론 연인 관계로 발전하는 과정에서도 그 세팅 상태를 벗어나지 못했다.

우리 모두가 알다시피 이런 만남은 항상 같은 방식으로 흘러간다. 처음에 해당 서비스 이용자는 여러 항목의 체크리스트로 상대를 선별할 카테고리를 선택한다. 그런 다음 숙련된 시선으로 상대의 조건을 스캔하며 그런 항목에 해당하는 대상과 그렇지 못한 대상을 결정한다. 조건에 맞지 않다면 손가락으로 밀어 버리는 간단한 터치만으로 화면에서 사라진다. 데이트가 성사되어도 끝이 아니다. 상대가 온라인 프로필에 올려놓은 내용을 검증해야 한다. 이런 방식의 '연애 퍼포머'는 맥주나 칵테일 한 잔을 앞에 두고 상대의 퍼포먼스-나를 점검한다(솔직히 이런 데이트 과정은 그냥 듣기만 해도 진이 빠질 정도로 피곤했다). 이런 탐색전이 잘 진행되어 상대와 만나보기로 결정했다면 (대개 데이트 두 주인공이 상대 앞에서 흥미롭고 계속 이어가 볼 만한 연기를 펼쳤다면) 비로소 제대로 된 퍼포먼스 공격이 시작된다. 이때 무엇보다 속궁합이 중요했다. 처음에도 그랬지만 특히 관계 지속을 염두에 둔다면 말이다. 또한 이른바 적절한 문자, 메시지를 남기는 시간대를 체크하는 것으로 상대의 관심과 독립성을 추측하기도 했다. 이때 상대에게 지나치게 목을 매는 것처럼 보이는 것은 금물이지만, 그렇다고 너무 무심한 태도 역시 조심해야 한다. 요구사항이 너무 많은 상대도 기피해야 한다. 하지만 바라는 점이 전혀 없어 보이는 태도 역시 기피 대상이었다. 또한 둘의 만남이 지루한 일상으로 흐르지 않도록 심혈을 기울여야 했다. 자칫하면 앞으로 인생이 지루해질 수도 있다는 암시로 비춰질 가능성도 있기 때문이었다. 심지어 상대에게 지루해 하는 것으로 오해받을 수도 있다. 그밖에 꼭 짚어봐야 하는 것으로는 자식 문제도 있다. 무엇보다 두 사람이 고려하는 출산 시기도 적절해야 했다. 그러기 위해서는 먼저 돈, 직장, 사회적 위치, 개인적인 성장 등 다른 조건들이 서로 잘 맞는다는 가정이 전제되어야 하지만 말이다.

그러다 핑크빛 미래를 약속했던 퍼포먼스 연기가 계획에서 이탈하는 순간 그 관계 자체에 대한 확신이 불분명해진다. 그런 상태에 이르면 내담자들은 다시 나를 찾아와 이번에도 올바른 상대를 찾지 못했노라고 토로하며 만사가 점점 의미 없어지고 상대에 대한 관심이 사라져버렸다고 고백했다. 상대의 실수나 부족한 면을 속사포처럼 쏟아내는 모습에 종종 이마가 찌푸려지기도 했다. 그럴 때마다 나는 우리에게 힘이 남아 있는 한 인생이란 계속 변해야 한다는 사실을 상기시키곤 했다.

퍼포먼스-나는 언제나 앞으로 더 나아질 수 있다고 속삭인다. 따라서 어떤 형태로든 최적화될 무언가에 절대 만족하지 말라고 우리에게 암시를 건다.

퍼포먼스-나에 잠식된 두 사람이 만나면 솔직한 대화란 절대 불가능하다. 진솔한 대화가 가능해지려면 우선 진심으로 상대를 생각하는 동시에 인정을 원하는 자신의 욕구를 스스로 인지하고 있어야 한다. 상대를 인정한다는 것은 타인의 말이나 행동을 무조건 좋게만 생각한다는 뜻이 아니다. 타인의 모습에서 나와의 차이점과 유사점을 인식하고, 대화를 나눌 때도 자신이 바라는 모습이 아닌 상대의 본모습 그대로를 보려고 노력해야 한다는 의미다.

온라인 데이팅을 다시 예로 들어보겠다. 안나와 루츠라는 사람이 있다고 가정해보자. 카페에서 만나기로 한 두 사람은 모두 퍼포먼스-나에 빠진 상태로 항시 허상 모드를 유지하고 있다. 그런 상태로 만남을 가진 그들의 모습은 어떠할까?

안나는 자신이 루츠에게 보이기를 바라는 모습대로 우아하게 앉아 와인을 홀짝이고 있었다. 그리고 그 건너편에 앉은 루츠는 안나에게 보이고 싶은 모습대로 맥주를 시원하게 들이켰다. 이 데이트에서 안나도, 루츠도 자신만의 안경을 쓰고 상대를 바라봤다. 그 안경은 지금까지 안나와 루츠의 경험에서 비롯된 연출이 필터로 끼워져 있다. 그렇게 그들은 상대의 안경에 비춰질 자신의 모습을 예상하며 행동했다. 그 자리에는 자신의 모습 그대로인 안나와 루츠 외에도 상대에게 보이고 싶은 모습용 안나와 루츠가 존재했다.

그렇다! 퍼포먼스-나가 등장하는 횟수가 잦아질수록 그만큼 머리가 복잡해진다. 실제로는 두 사람이 대화를 나누는 상황은 마치 '으시시한 허구의 인물'이 붙어 있어 한 몸에 두 개체가 있는 것처럼 되어 버린다.

이런 상황에서 안나와 루츠가 진심으로 상대를 알아가고, 정말 상대가 어떤 사람인지 그리고 자신의 인정 욕구를 채워 줄 만한 사람인지 제대로 확인할 가능성이 얼마나 될까? 아마 그보다는 둘 중 누군가가 상대에게 계속 연기를 해야 하는 이런 상황에 지쳐버리는 것이 더 빠를 것이다. 얼마 지나지 않아 안나 혹은 루츠 아니면 안나와 루츠 두 사람 모두가 이러한 허상 모드로 연기하며 상대를 만나는 것이 자신과 상대에 대한 무례이며 동시에 시간 낭비에 불과하다는 것을 깨달으며 끝이 날 것이다.

이런 수박 겉핥기식 만남의 끝은 결국 상대가 자신의 욕구를 제대로 채워주지 않는다는 비난밖에 남지 않는다. 하지만 만약 두 사람 중 누구라도 처음부터 자신의 모습 그대로 데이트에 나섰다면 어떻게 되었을까?

인스타그램 등을 보다보면 우리가 자신의
모습 그대로를 세상에 표출함으로써 자신과 타인에게 그대로
인정받는다는 의미가 무엇인지 잊어버렸다는 것을 깨닫게 된
다. 직장, 사생활 할 것 없이 시간의 대부분을 퍼포먼스-나 상태
로 보낼수록 이런 효과가 지속되고, 좌절만 남는 대인관계가 반
복된다. 결국 많은 인맥, 일류 직장이 우리에게 행복한 삶을 보
장해주지 않는다는 경험을 몸소 터득하게 된다.

　솔직히 이 세상에 완벽한 사람이란 존재하지 않는다. 더불어
완벽한 시점도, 완벽한 인생도 없다. 그리고 전혀 듣고 싶지 않

은 말이겠지만, 날마다 만족하는 하루를 보내기란 불가능하다. 배우자나 자녀들은 물론, 상사, 부모가 바라는 요구사항을 전부 충족시킬 수는 없다. 하물며 첫 데이트는 어떻겠는가? 이제 겨우 맞은편에 앉은 잘 알지도 못하는 낯선 사람의 요구란 말할 것도 없다.

마음속으로 언젠가 완벽한 삶이 준비되어 있을 거라 기대하는 순간 우리는 속수무책으로 퍼포먼스-덫에 빠져버린다. 이런 무리한 기대에서 비롯된 실망은 우리 자신을 제대로 자각하지 못하게 만들고, 지속적인 성과로 유혹하여 우리의 시야를 덮으려 한다. 그렇게 꾐에 빠진 우리는 보여주기식 연출을 이어가며 적절한 수준을 벗어난 과한 에너지를 소모한다. 그렇게 자신과 타인이 그래야 한다고 믿는 인생의 아이디어와 콘셉트에 따라 일상에서 우리의 행동을 규정한다. 그런 식으로 우리가 인생을 사는 모습이 본연에서 점점 더 멀어진다.

타인 앞에 보이는 나의 모습과 그렇지 않은 모습으로 구분하는 것을 이제 멈출 때가 왔다. 그렇게 구분한 자신의 일부에 모든 것을 퍼붓고 다른 한쪽은 숨죽이다 보면 모든 것이 뒤죽박죽 엉켜버리기 쉽기 때문이다.

우리는 활성화된 나의 그 퍼포먼스를 130퍼센트 충족시키지 못하면 스스로 아무런 가치가 없다고 느낀다. 그리고 상황에 따라 잠재력과 능력이 깃들어 있는 다른 한쪽을 조용히 차단해버린다. 예컨대 거친 비즈니스 세계에서 우리는 내면에 존재하는 엄마의 자격을 찾지 않으려 한다. 또 비즈니스 퍼포먼스를 하는 나에게도 동기부여를 하고 응원하기보다는 실패가 예정되어 있으니 더 신경을 쓰고 노력해야 한다고 압박하며 채찍질한다. 스스로에게 칭찬 한 마디, 위로 한마디 듣지 못하고 달리기만 하는 자신을 돌아 보자. 이런 행동은 정말 정신 나간 태도가 아닐 수 없다.

워라밸을 잃어버리고, 하이 퍼포밍High-Performing에 빠지면 파괴적인 자기 분리Self Separating 세계를 창조하게 된다. 이런 분열은 정신과 신체에 심각하고 부정적인 결과를 초래할 수 있다.

마음을 열고 세상을 바라보면 직장이나 데이트에 적용하던 '퍼포먼스 원칙'이 먹히던 시절이 끝났다는 것을 깨달을 것이다. 장기적인 성공을 이어가는 현대의 비즈니스 역시 개인적인 대인관계처럼 현존, 진정성, 유연성, 정서적 능력과 같은 특성의 중요성이 나날이 높아졌다. 이런 특성과 기술은 삶의 모든 영역과 존재 전반에 적용하고 사용해야지만 습득할 수 있다. 그러려면 우선 지금까지 버리지 못했던 '퍼포먼스 원칙'과 과감히 작별해야 한다. 이제 그러려면 무엇이 필요한지 함께 살펴보자.

Chapter 3

어떻게
가짜 나에서
빠져나올 수 있을까?

드라이브, 패닉, 케어 시스템

Connect me

퍼포먼스-덫에서 벗어나는 법을 알아보려면, 우선 스스로가 정말 그
런 상태인지 파악할 필요가 있다. 그런 다음 그 과정이 어떻게 발생했
는지 알아야 한다. 이를 일목요연하게 설명하는 모델을 이번 장에서
소개한다. 이 모델은 드라이브 시스템, 패닉 시스템, 케어 시스템 이렇
게 세 가지 감정 통제 시스템으로 폴 길버트Paul Gilbert의 자비중심치료
Compassion Focused Therapy 모델에서 영감을 얻어 착안한 모델이다.

드라이브와 패닉 시스템:
무엇인가 성취하고
지키려는 마음

　　　　퍼포먼스-나는 심리학적 관점에서 흥미롭게도 두 시스템을 기반으로 한다. 내가 고안한 모델에서 나는 이를 드라이브DRIVE 시스템과 패닉PANIC 시스템이라 이름을 붙였다.

　　이 두 시스템은 교감 신경에 의해 통제된다. 즉 우리 신경계의 활성화와 자기 보호를 담당한다. 드라이브 시스템을 가동시키는 드라이브 모드의 경우 목표로 설정한 것을 성취하기 위해 활성화되고, 패닉 모드는 교감 신경이 경직 혹은 회피 모드를 설정하는 데 필요한 모든 것을 준비한다.

　　드라이브 모드는 우리가 느끼는 소망과 욕구에 의해 활성화된다. 무언가를 달성하고, 먹고, 마시고, 느끼고, 경험하고, 성취하고, 소유하고 싶은 욕구 등 우리가 원하는 모든 것들이 여기에 해당된다. 전적으로 집중하며 노력하다 보면 필요한 과정을 거쳐 욕구를 실현한다.

드라이브 모드에 속한 감정은 대체로 유쾌하다. 그래서 우리는 가능한 한 자주 그리고 오랫동안 그런 감정을 유지하고 싶은 유혹에 사로잡힌다. 그로써 힘과 활력이 넘치고, 인생에 스스로 영향력을 행사하고, 스스로 통제하는 기분을 선사하는 이 감정은 우리에게 기쁨과 즐거움을 만끽하게 해준다. 이런 감정이 교감 신경계에서 우리가 욕망하는 목표를 좇고 달성하는 데 필요한 에너지를 조달토록 유도하기 때문이다. 게다가 우리의 뇌 역시 행복 호르몬, 도파민을 분비하며 이 과정을 돕는다. 즉, 드라이브 모드는 성과, 목표 달성, 통제, 현 상태의 최적화에 관한 퍼포먼스-나의 일부분이다.

앞에서 자신의 진정한 존재를 인정받고 싶은 기본적인 욕구가 모두에게 있지만, 때때로 퍼포먼스-나의 뒤에 숨어 주변 사람들에게 제 모습이 아닌 허상의 버전만 보여준다는 내용을 살펴보았다. 그럴 때 등장하는 것이 바로 패닉 시스템이다. 있는 모습 그대로 보여줘도 되는지 확신하지 못하거나 원하지 않는다는 것을 깨닫게 해준 부정적인 경험에서 패닉 시스템이 형성된다. 본모습을 보여주는 대신 우리는 타인이 바라거나 타인이 원할 거라 예상하는 방식으로 행동한다.

패닉 시스템의 기능은 우리를 보호하려는 방어기제가 핵심이다. 그것을 통해 실제의 위험 혹은 그럴 거라 예측한 위험에서 벗어난다. 직장에서 '지나친 모성애'를 보였다가 행여 일자리를 잃는 것은 아닌지 전전긍긍할 수 있다. 또는 옛 연인에게 '너무 까다롭다', '너무 과하다', '너무 힘들다'라는 말을 자주 들었던 탓에 앞으로 잘 될 가능성이 있는 상대에게 내가 원하는 바를 명확하게 말하면, 혹시 차이는 건 아닌지 두려워질 수 있다.

그래서 우리는 실제의 모습보다 더 자신감 있는 척 행동한다. 하지만 그 이면에는 거부당하거나 변화에 대한 두려움 때문에 스스로 이로운 선택보다 그렇지 못한 선택을 하는 경향이 두드러진다.

여러분의 퍼포먼스-나는 바로 이 두 시스템에서 에너지를 끌어온다. 그렇게 드라이브와 패닉 시스템으로 보상을 추구한다. 그리고 그 원천은 바로 두려움이다. 이 두 시스템이 계속 활성화되어 있으면 여러분은 당근과 채찍이라는 악순환에 갇힌 채 퍼포먼스 모드에서 헤어나올 수 없다.

그렇게 퍼포먼스-덫에 빠지고 나면 드라이브와 패닉은 여러분의 귓가에 미친 듯이 앞만 보고 달려가 성취하거나 공황에 빠지는 것 외에는 달리 방법이 없다고 속삭인다.

내가 전공한 게슈탈트 심리 치료에서는 치료의 목적이 내담자가 자신의 인생에서 선택할 수 있는 폭을 넓힐 수 있도록 후원해주는 것이라 명시한다. 따라서 나는 치료과정에서 내담자가 자동으로 활성화되는 프로세스에 빠지지 않도록 무엇보다 드라이브와 패닉의 영향력을 축소하는 데 중점을 뒀다. 따라서 의식적으로 영향력을 행사할 수 있다고 생각하기보다 그냥 일어날 것 같다고 생각하는 프로세스를 주로 다뤘다.

물론 그런 식의 접근이 전부 옳다고만은 할 수 없다. 두뇌에서 본능적이고 자동으로 반응하여 해당 부위의 활성화에 우리가 절대 개입하지 못하는 부분이 분명히 있다. 호흡, 소화, 혈압, 심장박동, 성욕, 음식 섭취처럼 일상에 필요한 기능을 조절하는 뇌줄기 brain stem 가 바로 그것이다. 이런 기능은 숨을 쉬거나 심장박동이 뛸 때처럼 우리가 일일이 계획하지 않아도 활성화되도록 자동화된다.

뇌줄기는 뇌에서 가장 오래된 부위로 옛 포유류의 뇌에서 진화했다. 뇌줄기는 오롯이 생존을 담당한다. 옛 포유류의 뇌의 경우 타인과 함께 생활하는 공동체 생활, 정서적 유대감, 돌봄 능력과 같은 정서적, 대인 관계적 측면과 관련이 있다. 옛 포유류의 뇌는 뇌줄기처럼 주로 선천적인 반응을 바탕으로 조절했지만 계속 진화했으며 뇌줄기에 비해 사고가 유연하다. 즉, 학습이 가능했다. 포유류의 뇌는 편안하다고 느끼면 그런 행동을 유지해야 한다는 신호를 보낸다. 반대되는 상황의 경우 원시 포유류 뇌는 불편한 경험을 차단하려는 신호를 보내며 해당 행동을 중단한다.

하지만 새로운 포유류의 뇌mammal brain, 일명 신피질neocortex이 발달하면서 제대로 된 의사 결정이 가능해졌다. 신피질은 모든 행동을 잠시 멈추고 눈앞에 혹은 이미 벌어진 행동에 대해 심사숙고할 수 있는 능력을 부여했다. 신피질의 도움으로 우리는 특히 자신의 감정을 파악할 수 있게 됐다. 즉 우선 거리를 두고 외부 관찰자의 입장에서 우리 자신을 관찰한다. 순간적으로 인식하는 것이 전부는 아니다. 인식하는 과정에서 막 깨달은 것과 그것이 우리를 어떻게 만들 수 있는지 자각하고 그것을 곧바로 우리에게 반영시킬 수 있다. 잠시 멈추고, 휴식하고, 있는 그대로 투영하는 능력은 우리에게 자유를 선사한다. 이로써 우리의 행동, 결정, 정서적 반응을 스스로 조절하고 내면의 돛을 원하는 방향으로 설정하며 더는 자동화 프로세스의 희생양이 되지 않는 자유가 생긴다.

개인적으로는 나와 타인의 머릿속에서 벌어지는 일을 전부 깨닫고 난 후 마음이 한결 홀가분해졌다. 3~5억 년 전부터 거듭 진화를 거친 바로 그 부위가 두려움으로 생긴 공황발작이 우리를 덮쳤을 때 우리의 숨을 앗아가고, 당장 느껴지는 그 감정과 앞으로 벌어질 상황에서 그저 달아나고 싶게 만들거나 선택의 여지 없이 약물부터 복용하게 만든 주범인 것이다. 그것이 과거의 뇌 기능과 관련된 문제라면 우리가 여전히 패닉 및 드라이브 상태에 머물러 있다는 것을 여러분도 깨달았을 것이다. 하지만 참으로 다행히도 나는 진화 측면에서 훨씬 신세대인 신피질에 대해서 잘 알고 있다. 신피질은 이런 공황 상태에서 대처하는 방식, 관련된 여러 증상이 지닌 의미가 무엇인지 우리가 깨우치도록 지원한다. 더불어 앞으로 나 자신에 주의를 기울이고, 더는 그런 증상이 나타나지 않을 전략을 마련하도록 돕는다.

우리에게 지금까지 언급한 세 가지 뇌 시스템이 있다는 것 말고도 유용한 정보가 있다. 바로 이 세 시스템이 상호 작용한다는 것이다. 이것은 우리에게 많은 의미가 있지만, 상황에 따라 의미가 감소하기도 한다. 예컨대 우리 안의 파충류의 뇌와 옛 포유류의 뇌는 "어서 보상받을 때까지, 상사가 만족할 때까지, 회사에서 네 입지가 더 나아질 때까지 쉬지 말고 열심히 일만 해!"라는 신호를 보낸다. 그러면 신피질은 "넌 지금 수면장애, 부정맥이 생겼어. 게다가 과로하며 일하느라 지난 6주 내내 가족과 대화 한 번 제대로 나누지 못했어. 지금은 정말 휴식을 취하고, 잠시 일을 내려놓을 시간이야!"라고 말할 것이다.

물론 신피질의 의견이 언제나 현명하고 신중하다고는 단언할 수 없다. 예컨대 옛 뇌 구조가 맛있는 음식에 대한 욕구를 일으킨다면, 신피질은 이제 다이어트를 할 때라고 조언할 수 있다. 지금 내가 전하고 싶은 말은 우리 인생이 완벽하지 않은 만큼 우리 뇌도 완벽하지 않다는 것이다. 그런 만큼 뇌는 일정 부분 모순된 신호를 보내기도 하고, 때로는 우리가 가장 듣고 싶은 정보가 무엇인지 제대로 파악하지 못하기도 한다.

그렇지만 이렇게 우리 뇌가 완벽하지 않다는 사실을 알고 있는 것만으로도 그리고 상황에 따라 혼란스러워 해도 괜찮다는 사실만으로도 때때로 마음이 편해질 수 있다. 여러분의 뇌는 믿을 수 없을 정도로 많은 일을 수행하는 파트로 이뤄져 있지만 그것이 전부는 아니다. 물론 뇌는 많은 일을 훌륭하게 수행한다. 하지만 그러다 어느 순간 한계에 부딪히면, 여러분을 혼란에 빠트리고 누구도 어떻게 도울 수 없다는 터무니없는 말을 늘어놓기도 한다. 상상해보라. 여러분의 배우자, 부모, 선생님, 부처, 아인슈타인 그리고 여러분이 인생에서 가장 존경하는 사람마저도 특정 부분에는 부족한 뇌를 소유하고 있다. 그들도 어떤 상황에 닥치면 어리석고 절대로 납득하기 힘든 반응을 보이기도 한다. 마치 여러분처럼, 그리고 나처럼 말이다.

이 사실을 인정하기 위해서는 우선 심호흡을 하며 자신 및 주변 사람과의 공감을 느껴보려 시도한다. 그런 다음 침착하게 나 자신에게 친절하게 말을 건다. 이제 인생에서 선택의 폭을 확장하고, 드라이브와 패닉 그리고 퍼포먼스-덫을 벗어던지려면 어떻게 해야 할지 고민하자. 그리고 그런 힘이 깃들어 있는 우리 뇌에 대해 배워보자. 옛 뇌 구조를 활성화하는 과정에서 직접적인 영향력을 행사하지 못한다고 해도 이런 뇌의 활성화를 통해 무엇을 하고 싶은지는 적극적으로 결정할 수 있다. 다시 말해 지금 느끼는 감정을 행동으로 그대로 옮길 것인지, 그렇다면 어떤 형태로 표출할 것인지 결정할 수 있다. 이런 심사숙고를 위해 선택 가능한 레퍼토리를 충분히 생각해두는 것이 좋다.

그렇다면 새로운 선택의 기회를 만드는 법은 어떻게 배울 수 있을까? 우선 인지 능력을 훈련하고 자기 자신과 환경을 배려하며 관심을 보여야 한다. 그리고 내가 케어 시스템이라 이름을 붙이고 여러분에게 소개하려는 이 모델을 통해 여러분의 보트에 세 번째 돛을 세우자.

케어 시스템:
잠시 멈추고,
살피고,
파악하기

내가 처음 일반 심리 치료사, 게슈탈트 치료사와 만났을 때 확신에 찬 그들의 모습에 몹시 매료되었다. 그들은 누구에게나 항상 하나의 (또 다른) 선택지가 더 있다고 말했다. 인생에서 겪을 수 있는 모든 상황마다 적용되는 행동 범위가 있다. 따라서 특정 사건이나 사실에 대처하는 과정에서 그에 대해 떠오른 생각이나 감정은 절대로 100퍼센트 강요받았다고 할 수 없다. 그러므로 우리는 그 상황에서 희생양이 아니라, 오히려 항상 영향력을 행사할 수 있다고 느낀다.

나의 경우, 20대가 거의 끝나갈 무렵 매사에 회의적으로 맞서는 몹시 급진적인 사고방식에 사로잡혀 있었다. 그런 만큼 나의 드라이브 및 패닉 시스템이 매사에 의심스러운 눈길을 보낸 것도 당연한 일이었을 것이다. 이런 가정이 드러나면 이 두 시스템은 마치 돛에 순풍이 부는 것처럼 느꼈을 것이다.

드라이브 시스템이 내게 훈계한다.

"아직 충분하지 않아, 그걸로 넌 아직 충분하지 않다니까! 그러니까 어서 다른 학위도 취득하고 석사과정도 밟으란 말이야. 네 상사, 고객, 친구, 배우자 그리고 가족에게 더 증명해야지. 이걸로는 한참 부족해!"

이때 케어 시스템은 마치 그 말을 믿을지 안 믿을지 선택권이 내게 있는 것처럼 말한다. 그러니까 실은 이와 다를 수도 있고, 다른 가능성도 있는 것처럼 말이다.

"이봐, 이미 지금까지 많은 것을 성취했고 달성했어. 그만큼이면 네가 많은 것을 알고 있으며 할 수 있다는 걸 사람들에게 보여주기에 충분해. 그러니까 그렇게 더 많은 걸 이루려 전전긍긍하지 않아도 돼!"

패닉 시스템은 이렇게 외칠 것이다.

"뭐라고, 지금 제정신이야? 어떻게 직장을 그만둘 생각을 할 수 있지? 인생에서 이런 기회를 얻었다는 것만으로도 기뻐해야지. 그리고 스트레스야 충분히 익숙해졌잖아. 이제 와서 포기하면 누가 네 카드값을 내준단 말이야? 지금까지 누린 생활 수준을 정말 바꿀 생각이야? 궁핍한 업계에 발을 들여놓는다면 네 인생은 엉망진창이 되고 말 텐데. 그런 곳에 넌 절대 맞지 않아. 당장 청바지에, 새하얀 스니커즈, 모자를 쓴 네 모습을 좀 보라고. 그게 진중한 치료사에 어울리는 모습일까? 그런 네 상담실에 올 사람은 단연코 없을 거야. 그러니까 그냥 계속 마케팅 분야에서 하던 대로 해."

만약 이런 상황에서 내게 선택권이 있고 다음과 같이 말할 수 있었다면 어땠을까.

"멈춰, 사랑스러운 내 패닉 시스템아! 우리 둘 다 심호흡을 하고, 정말 네 말이 맞는지 아니면 다른 가능성도 있는지 한 번 검토해보자. 사실 좋은 직장을 얻을 기회가 인생에서 딱 한 번인 건 아니잖아. 언제라도 좋은 직장을 찾을 수 있어. 그리고 단순히 좋은 직장일 뿐만 아니라 나의 내면을 성취감으로 채워주고, 아침에 잠에서 깨어나는 일이 행복해지는 그런 직장일 수도 있지. 그리고 이제 마음을 단단히 먹어야 해. 내 말이 다소 극단적으로 들릴 수도 있겠지만, 내 모습 그대로인 나를 소중히 여겨줄 사람들도 있을 수도 있어. 나도 몰랐던 모습을 일깨워주고 심리치료를 즐겁게 받아줄 그런 사람들 말이야."

이렇듯 잠시 전부 멈추고 검증하며 숙고하는 과정을 통해 실제로 자신과 그 상황에 유익하고 알맞은 것이 무엇인지 고민하는 것이 바로 케어 시스템이다. 케어 시스템은 우리가 드라이브와 패닉 시스템에서 빠져나와 당장 무언가를 달성하려고 애쓰지 않을 때 작동할 공간이 생긴다. 그러면 더는 욕구를 쫓을 마음도 사라지고, 현실 혹은 상상의 위험에서 회피하려고 하지 않는다.

평소 인정이나 성공에 대한 욕구가 몹시 큰 편이지만, 동시에 실패 혹은 타인에게 거부당할까 봐 불안감을 느낄 때면 이때다 싶은 여러분의 드라이브 및 패닉 시스템은 여러분에게 이렇게 외칠 것이다.

"난 항상 완벽한 사람이고, 그런 내게 실수란 있을 수 없어."

사람이나 주변 상황에 의존하는 기분이 드는 것이 공포 그 자체라서 누군가에게 부탁하거나 여러분의 욕구를 표출하는 것이 어려운가? 그렇다면 아마 그런 여러분의 행동은 다음과 같은 확신을 기반으로 한다고 볼 수 있다.

"모든 일을 혼자 처리하는 것이 낫지. 그러니까 항상 강해야 해. 게다가 다른 사람이 도와주는 것을 원하지도 않아."

"난 절대 못 해!"

만약 이런 말이 익숙하다면, 그건 아마도 여러분이 언제나 평온한 상태를 추구하기 때문일 것이다.

두려움, 부끄러움, 무력감, 좌절감 같은 부정적인 감정이 내면에 스며들지 않도록 단단히 방어한다면, 결국 자신에게 '무리'가 된다고 느끼는 단계를 그렇지 않다고 거부하는 상황으로 이끌 것이다. 하지만 그러한 시련을 겪어야 한 단계 성장하고 계속 인생을 나아가게 하는 힘을 얻을 수 있다.

이제, 여러분의 차례다! 다음 페이지의 방법에 따라 자신의 스트레스와 만나도록 하자. 그리고 알게 된 것, 기분, 느낌 등을 모두 떠올려보자.

덧붙여 말하자면, 다른 여러 스트레스 상황에서도 원하는 만큼 이 훈련을 반복할 수 있다. 그러다 보면 분명 여러분을 몰아가는 드라이브와 두려움을 조장하는 패닉에 관한 단서를 조금씩 발견할 수 있을 것이다.

일반적으로 사람마다 각각의 정해진 레퍼토리가 있다. 그런 목록을 알아차리는 것만으로도 여러분에게 매우 도움이 될 것이다. 그것을 통해 케어 시스템의 답변과 대안이 무엇일지 알아차릴 수 있기 때문이다. 그러므로 시간을 충분히 가지고 떠오른 드라이브 및 패닉의 주장을 전부 정리해보자.

나의 전형적인 드라이브 및 패닉 레퍼토리 찾기

　내면에서 드라이브 및 패닉 시스템 레퍼토리를 찾으려면 우선 등을 곧게 펴고 앉고, 바닥에 두 발을 단단히 고정한 채 두 손을 가지런히 무릎에 올려놓는다. 시선은 눈을 감거나 바닥을 응시한다. 그리고 몇 분 정도 의식적으로 시간을 가지며 주의 깊게 자신의 내면을 살핀다.

　스트레스 받았거나 힘들었던 상황을 떠올린다. 오늘 있었던 일일 수도 있고, 오래전에 있었던 일일 수도 있다. 아니면 계속 스트레스가 쌓이는 상황일 수도 있다.

　이제 그런 상황 중 하나를 선택하고 내면의 눈으로 그때의 장면을 떠올려본다. 이제 여러분은 그때 그 순간을 마주하고 있다.

- 지금 여러분은 어디에 있는가?
- 함께 있는 사람은 누구인가?
- 이렇게 스트레스 가득한 상황을 일으킨 원인은 무엇인가?
- 여러분은 어떤 식으로 말하고, 움직이거나 행동하고 있는가?
- 지금 그 상황에 놓여 있다고 상상할 때 느껴지는 신체의 감각은 어떠한가?
- 기분은 어떠한가?

- 이때 떠오르는 생각은 무엇인가?

그 상황에서 여러분이 옳다고 믿는 내면의 목소리에 귀를 기울여보자.

- 여러분이 받은 스트레스나 상황에 책임이 있다고 주장하는 말이나 생각은 무엇인가?
- 여러분의 오른쪽 어깨에 앉아 귓가에 성과를 내라고 귓가에 독촉하는 꼬마가 있지는 않은가?
- 아니면 왼쪽 어깨에 앉아 여러분을 더 위축시키는 겁쟁이가 원인은 아니었을까?

그 둘 중 누가 여러분에게 조언하는지, 혹시 두 아이 전부 속삭이고 있는 것은 아닌지, 그리고 무슨 말을 속삭이는지 집중해보자.

이 연습이 끝나면 이 상상에서 의식적으로 빠져나와야 한다. 그러기에 앞서 당신의 내면에 존재하는 성과 지상주의 꼬마와 겁쟁이 꼬마에게 고맙다고 말하고 작별 인사를 하자. 그리고 이제 호흡에 집중한다. 이어 팔, 어깨, 턱관절의 힘을 풀어본다. 다리와 발을 움직여보고, 원한다면 손가락으로 가볍게 얼굴을 문지르며 여러분의 주의를 몸 전체로 확장한다.

이제 눈을 뜬 후 마음속에서 떠올랐던 생각을 정리해보자.

내면의 케어 시스템에 접속하기

우선 앞에서 떠올린 레퍼토리를 83 페이지에 있는 표의 왼쪽에 순서대로 옮겨 적어보자. 이때 또 한 번 눈을 감고 여러분의 두려움을 상기시켜줄 드라이브 및 패닉 정신을 마주하는 것도 나쁘지 않다. 그런 뒤 다음 연습을 활용하여 표의 오른쪽 칸에 여러분의 케어 시스템이 조언할 현실적인 의견은 무엇일지 고민해 적어보자. 다음은 내가 겪었던 레퍼토리와 답변이다.

드라이브 꼬마와 패닉 꼬마의 레퍼토리	케어 시스템 답변
난 항상 완벽해야 하고, 실수란 절대 용납할 수 없어. →	남들이 어떻게 생각할지는 어차피 내가 통제할 수는 없어. 그러니까 그냥 약점을 드러내도 괜찮아. 그렇다고 내가 받을 애정이 줄어들기는커녕 오히려 더 인간적으로 보이게 해줄 테니까.
차라리 혼자 하는 게 낫지. 난 항상 강해야 하고, 누군가 도와주는 것도 원하지 않아. →	누군가를 필요로 한다는 것이 나약하다는 증거는 아니야. 그리고 그것에 의존하는 건 아니니까. 필요하다면 상황에 따라 대가 없는 도움도, 지원도 받을 수 있어.
난 그건 절대 못 해! →	여태껏 인생에서 많은 걸 잘 해왔잖아. 그러니 이번에도 잘 할 수 있어. 그리고 설령 잘 되지 않아도 괜찮아. 불안하거나 좌절감이 들어도 그 또한 지나갈 테니까. 시련이란 날 쓰러트리려는 것이 아니라 거기서 뭔가를 배울 기회를 주는 거잖아.

여러분 내면의 케어 시스템에 제대로 접속하려면, 곧은 자세로 앉아 온몸에 최대한 힘을 풀어본다. 양 발바닥을 바닥에 지그시 누르고, 턱을 살짝 가슴 쪽으로 붙여 척추를 위에서 아래까지 곧게 세운다.

그리고 수련을 시작하면서 신체를 전부 이완시킨다. 의식하며 들이마시는 숨에 동시에 최대한 많은 근육을 팽창시키고, 내뱉는 숨에 힘을 풀며 이완시킨다. 즉, 숨을 들이마시며 팔과 손, 상체, 등, 엉덩이, 다리와 발의 근육을 긴장시킨다. 그 긴장감을 몇 초간 유지한 후 천천히 내뱉는 숨을 의식하며 근육 전체의 힘을 풀어본다. 그리고 지금의 자세를 유지하는 데 필요한 근육만 활성화된 모습을 연상해본다. 그 외에 다른 긴장감은 지금 전부 내려놓는다. 이렇게 긴장과 이완을 반복하는 과정을 3회 정도 시행한 후, 여러분의 신체에서 추가로 해소해야 할 긴장감이 없는지 검증해본다.

이제 여러분의 심장에 접촉한다. 숨을 들이마시고, 내쉴 때 심장의 모습을 떠올려본다.

계속해서 이제 눈앞에 여러분을 위해 항상 최고만을 기원하는 좋은 친구, 좋은 연인이나 다른 사람을 떠올려본다. 그 대상이 동물이어도 좋다. 이런 시각화를 통해 여러분에게 사랑과 애정, 공감을 선사한 상대를 떠올리는 동안 그 상상이 이끄는 모습 그대로를 허용한다.

또다시 여러분만의 드라이브 및 패닉이 소리 높여 말하는 핑계에 여러분에게 깊이 공감하는 케어 시스템이라면 무슨 말을 할지 귀 기울여보자. 그 또는 그녀는 본인의 시선에서 여러분이 이 상황에 어떻게 대처해야 할지 조언하고 있다.

이제 여기에 그 내용을 기록해보자.

드라이브 및 패닉의 레퍼토리	케어 시스템 답변
→	
→	
→	
→	
→	

만약 케어 시스템의 답변을 찾기가 힘들다면 다음과 같이 생각해보자. 케어 시스템의 첫 단계는 그 상황에 가능한 선택지를 제대로 보지 못하도록 드라이브와 패닉이 여러분에게 씌운 눈가리개를 알아차리는 것이다. 두 번째 단계는 이 눈가리개를 벗어버리고 스스로 자각함으로써 여러분이 선택 가능한 행동 범위를 확장하도록 노력하는 것이다.

알아차림을 핵심 키로

게슈탈트 심리 치료사 게리 욘테프은 다음과 같이 말했다.
"알아차림은 선택을 통해 자신을 조절할 수 있도록 해주는 수

단이다."

　게슈탈트 심리 치료에서는 알아차림을 지각 혹은 의식과 같은 선상으로 이해한다. 지각은 있는 그대로의 삶에 마음을 여는 것을 돕는다. 우리의 감각을 날카롭게 벼리고, 직감을 키우고, 생각만큼이나 감정이 들어설 여지를 허용하는 방식을 훈련한다면 충분히 가능하다. 이는 앞으로 상세히 소개할 자기 회복력 6단계 프로그램의 마음챙김 훈련을 통해 충분히 수련이 가능하다.

　즉, 케어 시스템에서는 자신의 직감을 믿고 제대로 알아차리는 것, 그리고 여러분에게 항상 선택권이 있다는 것을 깨닫는 것이 핵심이다. 그로써 타인에 대한 두려움이나 그들의 생각 때문에 자신의 행동을 주저하고, 억압하지 않도록 돕는다. 따라서 케어 시스템의 핵심과제는 자기 인식, 자기 실현, 감정 이입, 자기 가치와 경계에 관한 깨달음, 사랑과 공감 등 올바른 삶의 방향을 설정하고, 소속감과 연결성을 형성하는 데 유익한 모든 가치의 활성화에 필요한 공간을 확보하는 것이다.

　케어 시스템은 '접촉된-나'와 연결해준다. 그러면 내면의 지혜와 결합되어 힘든 시련에도 결국은 좋은 일이 생길 거라는 믿음이 생겨난다.

세 가지
시스템의
건강한 상호협력

케어 시스템은 여러분의 퍼포먼스-나와 그에 속한 모든 성향 부분이 인생을 나아가고 보호할 수 있도록 건강한 성과와 소위 건강한 두려움이 들어설 공간을 마련한다. 나는 무엇보다 여러분이 내가 제안한 모델이 그저 추진력과 두려움, 드라이브와 패닉, 성과와 연기를 전부 내려놓고, 그 대신 케어 시스템만으로 가득 채워 핑크빛 구름이 가득한 인생을 산책하는 것이 목표라고 받아들이지 않기를 바란다. 이것은 애당초 불가능하기도 하지만 그럴 필요도 없고 바람직하지도 않다.

드라이브 모드의 지원을 받은 여러분은 꿈을 좇으며 마냥 꿈꾸는 사람에서 실현하는 사람이 될 수 있다. 패닉 모드는 지금까지 여러분을 보호하고, 무엇을 두려워해야 할지 알려줬다. 따라서 막다른 길에 도달하면 다른 길을 찾는 것이 합리적이라고 판단할 수 있었다. 하지만 퍼포먼스-나의 문제는 너무 오랫동안 드라이브 혹은 패닉의 늪에서 허우적거리느라 꼭 필요한 세 번째 시스템인 케어 시스템을 활성화하지 못하거나 완전히 퇴화했을 때 발생한다.

접촉된-나에 연결되면 드라이브, 패닉, 케어 이 세 가지 시스템이 공존한다. 여러분의 접촉된-나는 자기 관리, 감정 이입, 마음챙김과 같은 케어 시스템의 특징과 연결되면서도 한편으로는 인생에서 무시할 수 없는 성과와 연기를 빼놓지 않는다. 드라이브는 성과를, 패닉은 보호를, 케어는 사랑을 담당한다.

드라이브와 패닉이 추진하는 퍼포먼스 모드인 경우 스스로 보유한 잠재력과 기회의 상당 부분을 활용하지 않으며 많은 양의 에너지를 소모한다. 무엇보다 장시간 지속되는 드라이브와 패닉은 엄청난 에너지를 먹어 치우는 에너지 하마이기 때문이다. 그것은 직장이든, 사생활이든 마찬가지다. 만약 이 두 가지 모드만을 따라 행동한다면 필연적으로 지치고, 방향을 잃어버린 것 같은 감정에 빠질 것이다.

여러분이 퍼포먼스-나를 무리하게 남용하며 모든 사람과 접촉된-나가 등장할 공간이 전혀 확보되지 않았을 때 여러분은 퍼포먼스-덫에 빠지게 된다. 내면의 나침반을 제대로 정비하고 퍼포먼스-나에서 접촉된-나를 찾으려면 핵심이 될 세 번째 퍼즐 조각이 필요하다. 그것이 바로 케어 시스템이다.

케어 시스템은 신중함, 자신과 타인을 위한 배려, 공감, 주의력 및 본성과의 연결과 같은 특성이 자리 잡을 공간을 만든다. 케어 시스템이 활성화되면 열린 마음으로 행동을 평가하지 않는다. 또한 자신과 타인을 배려하며 헛되이 자신을 소모하는 일 없이 모두의 행복을 위해 노력한다. 그리고 한결 여유로워진 덕에 매사가 그리 힘겹게 느껴지지 않는다. 왜냐하면 케어 시스템 모드에서는 더는 모든 것을 제어하려 들지 않을 뿐만 아니라 불확실한 상황 속에서도 긴장을 풀 수 있기 때문이다.

드라이브와 패닉 모드에서는 불확실성과 불안전성이 등장할 여지가 거의 없다. 이 두 모드 아래에서는 제어할 수 없는 것으로 간주되는 모든 것들이 평가절하(이보다 네게 더 좋은 직장은 없어)되거나 위협(그런 일로는 네 카드값을 절대 지불할 수 없을 거야)으로 간주하기 때문이다. 케어 모드에서 우리는 근본적으로 편재하는 사실을 인지하고 있다. 자고로 삶이란 변화를 의미하며, 모든 변화는 알지 못하는 미지의 영역으로 향하는 첫걸음이다. 그리고 자신을 재정비할 때 때로는 그저 시간과 공간만 있으면 가능하다는 것을 말이다. 만약 자기 자신과 타인이 제대로 접촉되어 있다면 알지 못함을 수용하는 공간을 허락하며 이러한 두려움을 흥분으로 바꿀 수 있을 것이다.

게슈탈트 심리 치료사인 프리츠 펄스가 표현했듯, 두려움이란 흥분이 과해지며 우리가 선 바닥 전체가 흔들리는 것 같을 때 내면에 숨어 있던 통제 괴물이 우리 귓가에 호흡을 앗아가거나 온몸을 뻣뻣하게 만드는 그 긴장감을 어떻게든 통제해야 하지 않겠냐는 감언이설로 교묘히 조정하려는 상태를 말한다. 침착하게 심호흡을 하며 최대한 근육을 이완시키는 사람은 절대 이성을 잃을 정도로 흥분하지 않는다. 그리고 바로 그 순간에 일어난 일이 적어도 최악의 상상만큼이나 심각하지 않다는 생각을 떠올린다. 그렇다. 때때로 상황은 두렵고, 위협적이기도 하지만, 여러분이 살아 있는 한 어떻게든 극복할 수 있다. 그리고 과도한 두려움이나 일명 부정적인 감정에 매몰되지 않는다면 훨씬 더 수월하게 극복할 수 있다.

나는 내담자에게 항상 이렇게 말했다.

"그냥 두려움일 뿐이에요. 그저 감정에 불과하죠. 기쁨이나 슬픔 혹은 혐오, 놀라움 또는 사랑이나 분노처럼요. 좋거나 나쁜 감정이란 없습니다. 사랑이 분노나 두려움에 비해 즐거운 화학적 프로세스에 의해 분비되기에 나머지 감정들을 최대한 적게 느끼려 하는 것뿐이죠. 맞아요. 인생에는 이런 감정들 전부가 여러분에게 속해 있습니다. 따라서 감정을 제대로 알아차리고, 그런 감정이 여러분을 해치지 않는다는 걸 직접 겪으며 각 감정의 이면에 숨은 흥분을 깨닫는다면 지금껏 불편하기만 했던 감정에 대처하기가 한결 수월해집니다."

이런 두려움에 휘둘리지 않고 이면에 숨은 흥분을 제대로 발견하려면 숨을 고를 마음의 공간과 새로운 것을 허용하는 용기가 필요하다.

허무맹랑하게도 사람들은 새로운 상황에서 마주하는 흥분과 통제 불가능한 상태를 그대로 수용하기보다 불안감에서 회피하는 결정을 내리는 경우가 더 많다. 이는 실제로 내 상담 시간에 거듭 마주했던 현상이었다. 내 경험에 따르면 많은 내담자가 어떻게든 흥분 상태를 통제하려 했다. 나는 그것이 바로 이 사회에서 불안장애가 날로 더 증가하는 이유라고 생각한다. 일상에서 접하게 되는 자극은 가능한 회피하면서, 종종 마약이나 술에 손대며 스스로 통제를 시도한다. 그리고 약물 중독을 우려하여 끊어보려 하지만 이내 다시 찾게 된다. 그렇지 않고서는 일상이 너무나 지루하기 때문이다.

대다수의 일상은 통제로 가득 차 있다. 따라서 저녁 때나 주말 같은 특정 시간이 되면 어느 정도의 자극이 필요한 것이다. 그러므로 미리 정해진 영역에서 어떻게든 자극을 얻으려는 타임슬롯이 설정된 분야가 비단 비즈니스 미팅, 어린이 스포츠 시간이나 손톱 관리 예약뿐만이 아니다. 인생에서 우리 몸에 해가 가지 않는 선에서 자극을 제공할 기회는 무한하다.

내 소견으로는 평소 쉽게 두려움과 마주하지 않으려면 약간의 긴장감은 절대적으로 필요하다. 타인과 진지하게 시선을 맞출 때마다 긴장이 될 수 있다. 우리가 매일 마주하는 감정의 범위 내에는 여러 긴장감이 존재한다. 만약 그 감정이 들어설 공간을 우리가 마련한다면 말이다.

기쁨에서 분노, 수치심, 두려움, 지루함, 좌절감, 평온함……. 이런 감정을 생생히 느끼고, 해당 감정에 어떻게 대처해야 할지 고민해보는 것만으로도 우리에게는 자극이 될 수 있다. 인생의 가장 큰 목표가 무엇일지, 그리고 날마다 그 목표를 위해 무엇을 하고 있는지를 스스로 되물어보는 것은 예상 외로 흥미진진하다. 그렇게 내면의 욕구를 탐구하고 자신을 파악하며 날마다 계속 성장하고, 타인을 제대로 파악한다. 상대의 말에 귀 기울이며 그것이 우리에게 어떤 영향을 행사하는지 탐구한다. 평소와 아예 다른 새로운 것을 시도하고, 본인이 세운 꿈과 삶의 목표를 타인에게 설명하고, 자식과 함께 시간을 보내고, 타인과의 관계를 온전히 허락하는 것 등 매우 다양하다.

　보시다시피 케어 시스템에는 신체 이완과 특유의 옴 바이브 Om Vibes, 힌두교의 거룩한 음절(音節)을 뜻하는 옴이 가득한 분위기만이 전부가 아니다. 그 밖에도 흥미진진하고 우리 본성의 활력과 접촉하는 일종의 결합 형태가 존재한다. 그러므로 케어 시스템은 몹시 다채롭다고 하겠다. 우리 인생에 평온함은 물론 필수인 자극을 부여하여 우리의 접촉된-나를 활성화함으로써 진정한 기쁨을 선사한다. 그럼 필요할 때 이를 제대로 활용하려면 어떻게 해야 할까?

　앞으로 소개할 자기 회복력 6단계 프로그램을 통해 이를 설명하고자 한다. 여러분은 이제 단계별로 케어 시스템을 활성화하는 비법을 깨닫게 될 것이다. 그렇게 케어 시스템은 여러분의 인생을 정리·정돈하여 내면에 더 많은 공간을 확보하고, 접촉된-나와의 연결을 향상할 것이다. 이 연습의 목표는 여러분이 자각 및 주의력을 날카롭게 벼려 자신에게 주어진 선택지를 더 정확히 깨닫게 하는 데 있다. 그리하면 침착하면서도 훨씬 자신감과 책임감이 넘치는 행동뿐만 아니라 모두와 접촉된 인생이 가능해진다.

　듣기만 해도 꽤 매력적이지 않은가? 그러면 함께 시작해보자!

진짜 나를
알아보는
자가 테스트

Connect me

이 장에서는 여러 질문을 통해 퍼포먼스-나 및 접촉된-나와 관련하여 지금 여러분이 어느 지점에 있는지 확인해볼 것이다. 자기 회복력 6단계 프로그램을 어느 정도 연습한 후에도 또 한 번 이 테스트를 시행하여 여러분의 케어 시스템에 변화가 생겼는지 점검하기 바란다.

진짜 나를
알아보는
자가 테스트

　　　나는 나를 방문했던 내담자들과의 직접적
인 경험을 바탕으로 이 퍼포먼스-덫과 테스트를 고안했다. 상담
을 진행하면서 나는 예컨대 상담고객들의 말을 기록하는 것처
럼 종종 기록을 남기곤 했다. 메모에 내가 판단한 갈등, 문제 혹
은 당시 그들을 힘들게 하던 상황을 요약했다. 그렇게 시간이 흐
르면서 강력한 특징이 엿보이는 퍼포먼스-나와 희미한 케어 시
스템의 사례들을 수집할 수 있었다(이를테면 '아무리 삶이 힘들어
도 맡은 역할을 묵묵히 수행하며 나 자신과 타인에게 엄격하게 행동
한다'와 같은 것이었다).

나는 여러분에게 테스트 후반의 평가란에 보이는 점수에 크게 연연하지 않기를 당부하고 싶다. 여러분이 자신 및 타인과 얼마나 제대로 접촉하고 있는지를 지수로 표시한 이러한 점수는 어떻게 해도 정확하게 측정하기가 불가능하다. 그렇지만 그 점수를 통해 특정 경향을 설명할 수도 있고, 자기 회복력 6단계 프로그램 연습에 필요한 동기부여로서의 의미가 있다. 그런 만큼 각 지문을 여러분 자신에게 적용하며 이 테스트를 최대한으로 활용하라. 그리고 그 안에서 여러분이 자신의 모습을 재인식하는 계기가 되었는지를 살펴보자. 부디 흥미롭고 유익한 시간을 보내기를 바란다!

문항	매우 그렇다	주로 그런 편이다	가끔 그렇다	드물다	절대 그렇지 않다
1 삶이 힘들어져도 맡은 역할을 수행하며 나 자신과 타인에게 엄격하게 행동한다.	5	4	3	2	1
2 내가 원하는 바와 내게 필요한 바를 정확히 구분할 수 있다.	1	2	3	4	5
3 나를 두렵게 만들어 평소 느끼지 않았으면 하는 감정이 있다.	5	4	3	2	1
4 평소 나의 약점과 부족한 부분을 자책하며, 그런 점을 없애고 싶어 하거나 어떻게든 타인에게 내색하지 않으려 하는 편이다.	5	4	3	2	1
5 위기나 문제가 생겨도 그것을 인생의 일부로 보려고 노력하는 편이다. 그런 이유로 나만의 인생 행로를 이탈하지 않는다.	1	2	3	4	5
6 날마다 잠시라도 지금 내가 어떤지, 그리고 나와 내 주변의 사람들에게 필요한 것이 무엇일지 살펴보는 시간을 갖는다.	1	2	3	4	5
7 일상에서 하나 혹은 여러 역할을 수행하느라 바쁜 나머지 종종 내가 누구인지 모를 때도 있다.	5	4	3	2	1
8 나와 타인과의 차이를 받아들일 수 있다. 그리고 타인이 나와 다름을, 나와 속도가 다름을, 나와 다른 가치와 욕구를 지녔음을 그리고 옳고 그름을 평가하는 것이 나만이 아니라는 사실을 수용하고, 인정한다.	1	2	3	4	5
9 남들에게 도움을 청하기가 어렵다.	5	4	3	2	1
10 거리를 걸을 때도 타인을 평가하거나 타인의 눈에 내 모습이 어떻게 비칠지 생각하느라 바쁘다.	5	4	3	2	1
11 내가 처리하는 일은 무조건 완벽해야 한다.	5	4	3	2	1
12 나는 내가 사랑받기 충분한 사람이라는 걸 알고 있다.	1	2	3	4	5
13 내 파트너에게 확인받지 못하는 시간이 계속되면 그 관계에 확신이 사라진다.	5	4	3	2	1

문항	매우 그렇다	주로 그런 편이다	가끔 그렇다	드물다	절대 그렇지 않다
14 나는 누구보다 나 자신을 잘 알고 있으며, 나의 욕구와 가치, 목표를 제대로 파악하고 있다.	1	2	3	4	5
15 스트레스를 받는 상황에서 다시 중심을 잡고, 에너지를 회복하려면 어떻게 해야 할지 잘 알고 있다.	1	2	3	4	5
16 나는 내 존재의 의미가 무엇인지 제대로 파악하고 있다.	1	2	3	4	5
17 나는 내가 잘하는 것과 못하는 것이 무엇인지 잘 알고 있다.	1	2	3	4	5
18 조급하거나 짜증이 나더라도 다시 침착하고, 관대함을 되찾아야 하는 상황에서 자신을 보호하려면 어떻게 해야 할지 알고 있다.	1	2	3	4	5
19 누군가 나에 대해 칭찬과 비판을 동시에 할 때 주로 긍정적인 부분은 잊어버리고 부정적인 면에만 깊이 빠져드는 경향이 있다.	5	4	3	2	1
20 타인의 기대를 충족시키지 못할 때 자신을 탓하는 편이다.	5	4	3	2	1
21 아무리 내가 아끼고 좋아하는 사람들이더라도 함께하고 싶지 않거나 참아내기 힘든 면모도 있다는 것을 인정한다. 하지만 그런 점 때문에 그들에 대한 나의 애정이 변하지는 않는다.	1	2	3	4	5
22 온종일 자동조종 모드로 생활하다가 일과를 다 처리한 후에야 진짜 내 본연의 모습이 된다.	5	4	3	2	1
23 많이 소유하고, 계속 더 많은 성과를 내는 일은 내가 바라는 인생의 일부분이다. 따라서 이를 제대로 충족시키지 못하면, 몹시 예민해지고 불만이 차오른다.	5	4	3	2	1
24 나의 머릿속은 '지금-여기'에 집중하기보다 주로 미래 혹은 과거의 사건에 얽매여 있다.	5	4	3	2	1
25 무언가를 소유하거나 성과를 내는 일에 중독된 것만 같은 기분이 든다.	5	4	3	2	1

문항	매우 그렇다	주로 그런 편이다	가끔 그렇다	드물다	절대 그렇지 않다
26 지금 내 인생의 모습 그대로에 만족한다.	1	2	3	4	5
27 용기가 있다면 인생의 많은 부분을 다른 방식으로 해 보고 싶다.	5	4	3	2	1
28 남들이 나를 어떻게 생각하는지가 몹시 중요하다.	5	4	3	2	1
29 나는 내 인생의 목표를 달성하거나 그것이 무엇인지 찾으려고 날마다 노력한다.	1	2	3	4	5
30 내게는 언제나 또 하나의(여러) 선택권이 있으며, 절대 주변 환경에 휩쓸리지 않을 거란 확신이 있다.	1	2	3	4	5
31 내게는 내 생각을 바꿀 권리가 있다. 동시에 원한다면 신뢰할 만한 사람이 될 수 있다.	1	2	3	4	5
32 타인에게는 내가 부족해 보일 수도 있지만, 나는 항상 옳고 내 모습 그대로가 소중하다.	1	2	3	4	5
33 나 자신과 인생을 변화시킬 적절한 타이밍을 기다리기엔 너무 늦다.	5	4	3	2	1
34 나를 위한 시간이 필요할 때, 사람이나 특정 상황과 떨어져 있을 거리가 필요할 때, 날 지치게 하고 숨 쉴 틈을 주지 않는다고 스스로 한탄하기 전에 나만을 위한 공간을 마련할 수 있다.	1	2	3	4	5
35 한 번 받아들이고 나면 그 과정에서 옳지 않음이 밝혀지더라도 계속 유지되어야 한다.	5	4	3	2	1
36 누군가 부당하다고 느끼고, 분노하거나 기타의 방식으로 상심해 있을 때, 나는 상대와 일정한 거리를 두고 이성적으로 생각할 수 있다. 상대가 지금 힘들고, 두려움에 빠져 있어 분노를 표출하거나 자신이 겪은 부당함을 확대하는 데만 급급하다는 것을 알아차릴 수 있다.	1	2	3	4	5
37 내 인생은 주는 것과 얻는 것의 균형이 제대로 이뤄지고 있다.	1	2	3	4	5

Chapter 4 진짜 나를 알아보는 자가 테스트

문항	매우 그렇다	주로 그런 편이다	가끔 그렇다	드물다	절대 그렇지 않다
38 나는 나의 직감과 창조성에 제대로 접촉되어 있다.	1	2	3	4	5
39 내가 아끼는 사람들이 내게 주의를 기울이고 집중하지 못하는 한이 있더라도 전부 자신의 꿈을 실현하기를 기원한다.	1	2	3	4	5
40 변화는 나를 두렵게 한다.	5	4	3	2	1
41 타인과의 만남 후에는 피로감이 쌓인다. 나의 감정과 생각을 억눌러야 하는 경우가 많기 때문이다.	5	4	3	2	1
42 타인이 지금까지 살면서 성취한 결과물이 무엇인지 빠르게 평가한다.	5	4	3	2	1
43 중요하게 생각하는 것을 얻으려면 해야 할 일이 몹시 많다(배우자, 친구, 몸매, 외모 등).	5	4	3	2	1
44 인생은 결국 좋은 방식으로 흘러갈 것이며, 내게 필요할 때 언제나 나를 지지할 거라는 확고한 믿음이 있다.	1	2	3	4	5
45 균형을 잃은 감정이 들 때 다시 중심을 잡는 방법을 알고 있다.	1	2	3	4	5
46 내게 해롭거나 내 잠재력을 온전히 발휘할 수 없는 환경이라고 판단하면서도 그런 사람들과 상황에서 벗어나기가 힘들다.	5	4	3	2	1
47 나의 인생은 온전히 나의 것으로 다른 누군가가 원하는 삶을 살지 않는다.	1	2	3	4	5
48 일할 때와 사생활에서 나는 완전히 다른 사람이 된다.	5	4	3	2	1
49 건강하고, 활기차고, 유연한 사고를 하기 위해 내 신체와 정신에 필요한 것이 무엇인지 제대로 알고 있으며 그 지식을 실행으로 옮긴다.	1	2	3	4	5
50 나의 인생에는 마음을 다해 사랑하는 사람 또는 존재가 있다.	1	2	3	4	5

나의 총점:

· 평가 ·

50-110점 >>>

여러분은 이미 접촉된-나에 제대로 연결되어 있다. 이 경우 앞으로 소개할 자기 회복력 6단계 프로그램을 활용하여 잘 활성화되어 있는 케어 시스템에 흥미진진한 훈련과 질문을 더해 자아실현을 확장시킬 수 있다. 이 과정에서 많은 즐거움을 누리길 기원한다!

111-180점 >>>

여러분은 자신과 타인에게 접촉하는 법을 잘 알고 있지만, 때때로 퍼포먼스-나가 여러분을 이끌어 가게 두는 경향도 있다. 케어 시스템이 여러분의 인생에 더 많은 공간을 차지하도록 허락하자. 그렇다고 해서 성공 가능성이 낮아지지는 않으니 걱정하지 마라. 결과는 오히려 정반대다! 여러분의 손에 땀을 쥐게 하는 긴장감이 줄어들고, 위기와 힘든 시련이 닥쳐도 침착할 수 있다. 기쁜 마음으로 연습하며 개인적인 성장을 이루는 성취감을 느껴보라!

181-250점 >>>

내가 고안한 모델에 비춰 보면 여러분은 뚜렷한 퍼포먼스-나의 경향에 해당한다. 그리고 지금 퍼포먼스-덫에 깊이 빠져 있을 가능성도 있다. 그렇다고 당황하지 말자. 지금까지 이 책을 읽은 것도 다 그런 이유가 아니던가! 적어도 지금은 여러분이 매일 걷던 길과 아예 다른 길이 있다는 걸 알고 있다. 그렇다! 지금 당장 여러분이 원한다면 그 길을 따라 출발할 수 있다.

자기 회복력
6단계
프로그램

Connect me

여러분이 외면하던 또 다른 자신의 모습을 만날 준비가 되었는가. 그것은 절대 여러분을 해치거나 위협하는 존재가 아니다. 오히려 이것과 연결되는 순간 평온하고 행복한 삶을 마주하게 될 것이다. 자기 회복력 6단계 프로그램을 차근차근 밟으며 서두르지 말고, 포기하지 말고 진짜 나를 만나자.

준비:
다짐이
꼭 필요하다

　　이제 여러분이 자기 회복력 6단계 프로그램을 시작하기에 앞서 강한 의지를 다짐하고, 더불어 그 결심을 주변에 확실히 알리기를 바란다. 이 책을 편하게 읽으면서 가끔 눈에 들어오는 것만 연습해보는 것과 이 책을 최대한 활용하며 자신의 성장에 도움이 될 만한 부분을 전부 흡수하겠다고 다짐한 후 읽는 것은 분명 차이가 있다는 것을 강조하고 싶다. 여기서 다짐이란 각 단계의 프로그램이 여러분에게 잘 맞는다고 느껴질 때뿐만 아니라 상당히 어렵고 복잡하게 느껴지는 상황에서도 열심히 하겠다고 결심하는 것을 의미한다.

이 책에 수록된 방법이 상황에 따라 힘들고, 도전적이고, 낯설 거나 지루하여 탐탁지 않아도 말이다. 그럴 때마다 다음과 같이 상상해보기를 권한다. 나 역시 내담자와의 치료과정에서 불편하거나 곤란한 상황에 부닥칠 때마다 이렇게 말하곤 했다.

"오오, 미안해요. 지금 그것을 여러분과 함께하기는 다소 힘들 것 같군요. 이 부분에 대해서는 제가 물러설게요."

나는 나 스스로 선택한 이 직업에 대해 잘 알고 있다. 여러분이 평생 일할 직업과 그리 다르지 않다. 여러분 또한 마음에 들지 않거나 매 순간 여러분이 느끼는 기분이나 상황에서 도망칠수 없다. 그렇기에 나는 자기 회복력 6단계 프로그램을 시작하기에 앞서 다짐을 굳게 하기를 바라는 것이다.

퍼포먼스-덫에서 여러분을 구해주겠다는 이 책 또한 또 다른 퍼포먼스를 강조하는 것처럼 들리는가? 그렇다면 여기서 '의식적인 다짐'과 퍼포먼스-덫의 차이를 좀 더 명확하고 간략히 설명하겠다. 가장 큰 차이는 여러분의 마음가짐이다. 여러분이 하려는 행동, 집중력의 수준 그리고 정말 무언가 새로운 것에 관여하려는 여러분 마음의 준비에 달렸다. 여러분의 마음가짐에 따라 이어질 프로그램을 통한 깨달음을 여러분의 인생에 통합시킬 수 있다.

접촉 경계에 이르기까지

그렇다면 접촉contact한다는 것은 무슨 뜻일까? 우리 게슈탈트 치료사들은 자신과 내담자에게 접촉이라는 용어로 이 세상과 자기 자신에게 종종 문제가 생기는 이유를 설명한다. 이 책의 내용과 의식적인 다짐과 연계하여 좀 더 간단히 표현하자면, 여러분 자신 그리고 환경과 접촉한다는 것은 여러분 자신 및 환경과 진실하고 의식적인 교류를 하는 것만큼이나 의미가 있다.

모든 유기체는 살아가기 위해 접촉이 필요하다. 사람인 여러분은 근본적인 측면으로 볼 때 생존을 위해 환경에 공기가 있어야 한다. 그리고 사람에게는 생존뿐만 아니라 성장하고 발전하기 위해 '접촉 경계'에 이르는 능력이 필요하다. 접촉 경계란 유기체와 환경이 만나는 장소로 둘 사이의 경계가 뚜렷해지는 지점이다. 여기서 환경에서 벗어난 사람은 자신의 성장에 필요한 것을 선택하고 해로운 것을 거부한다.

다시 말해, 접촉 경계에서 만남과 차별화 및 거리두기가 동시에 일어난다. 환경과 마주한 유기체는 그곳에서 자신과 다른 무언가를 발견한다. 그리고 그것은 낯선 사람, 새로운 감각과 정보 등 지금까지 여러분이 알던 것과 다른 양상으로 나타날 수 있다. 이런 새로움을 마주하면서 엄청난 거부감을 느낀 여러분은 그

것을 마주할 수도, 접촉하지 않을 수도 있다. 하지만 여러분 자신이 놀랄 수 있음을 이해하고, 여러분을 기다리고 있는 경험을 통제하지 않겠다는 결심이 섰다면, 여러분은 이런 새로움을 허용할 준비를 마친 것이다.

그러므로 나는 여러분이 준비 과정에 포함된 연습을 진심으로 수락하기를 간절히 바란다. 그리고, 여러분이 떠올리는 모습에 다음의 질문을 던져보고 고민해보기를 권장한다.

- 나는 이 프로그램에 온전히 집중할 준비가 되었는가?
- 나는 새로움을 허용하는 동시에 내면에서 잘못된 것을 발견하는 순간 그것에서 해방될 자유 사이에서 균형을 잡기 위한 내면의 알아차림에 주의를 기울일 마음의 준비가 되었는가?

나에게 있어 이는 이 책에 수록된 훈련이든, 인생 전체이든 상관없이 근본적인 접촉으로 향하는 꼭 필요한 열쇠다.

우리가 성장하고 발전하는 데 필요한 것은 접촉과 회피 가운데서 균형을 이루는 능력이다. 이는 우리의 성장에 이로운 것을 선택하고, 이롭지 못한 것에서 멀어지는 것을 의미한다. 의식적이고 꼭 필요한 적극적인 다짐을 통해서 이러한 진자 운동이 가능하다.

여기서 여러분도 진자를 떠올려보자. 기왕이면 무거운 추가 매달려 있는 모습을 연상한다. 한쪽으로 포물선을 그리는 움직임은 여러분이 무언가를 온전히 허용함(접촉)을, 또 다른 방향의 움직임은 새로움에 완강한 거부(저항, 거리 둠)를 의미한다. 그리고 이제 이 무거운 추를 한쪽으로 고정하고, 다른 방향으로 움직이는 것을 멈추려 한다고 상상해보자. 시간이 흐를수록 몹시 힘든 일이 될 것이다. 그렇지 않은가? 그리고 그것이 어느 쪽이든 결과는 마찬가지다. 그보다는 상황에 따라 추가 접촉 방향으로, 그리고 때때로 회피 방향으로 오가며 그 사이를 왕복하도록 자연스럽게 두는 편이 편할 수 있다.

개인의 다짐

이 책에 수록된 연습을 통해 여러분의 의식을 강하게 자극하는 동시에 강렬한 '예스'가 절로 나오게 하는 여러분만의 다짐은 무엇인가? 여러분의 의식적인 다짐을 적어보자. 이 연습은 여러분이 퍼포먼스-덫에서 빠져나오도록 돕는다. 그로써 보다 현전하고 지금-여기에 집중하여 깨어 있는 것, 활력 넘치고, 접촉하고, 성취감을 느끼며 자신의 인생을 스스로 구체화하도록 지원한다. 예시는 다음과 같다.

"날마다 성과에 집착하는 머저리가 되지 않고, 앞으로 그 분야의 전문가가 되려고 노력할 것임을 약속합니다. 또한 의식적으로 나와 내 인생에 이롭고, 더불어 내 주변 사람들에게도 유익한 길을 찾을 것입니다. 나는 앞으로 내가 어떻게 변할지 궁금해하며, 가능한 이 책에 수록된 연습을 열심히 수행할 것입니다. 그 과정 사이에 휴식을 취하거나 과할 정도로 엄격한 프로그램으로 나를 몰아가지 않도록 조심할 것입니다."

→
_____

_____

_____

아주 훌륭하다! 충분히 다짐했다면 이제 1단계 그라운딩으로 넘어가보자!

1단계 그라운딩GROUNDING :
호흡을 가다듬고
내면의 안정 찾기

핵심 질문

나는 누구인가? 내게 필요한 것은 무엇인가?

첫 번째 단계는 진정한 접촉을 감지하는 것으로 시작한다. 따라서 우리가 안정감과 제대로 뿌리내린 기분을 느끼는 데 필요한 기본적인 것부터 다룬다. 우리는 퍼포먼스, 그러니까 연기하는 것밖에는 달리 방법이 없다고 생각할 때가 있다. 이는 끊임없이 성과를 내고, 액션을 취하거나 위험을 회피하는 방법 외에 어떻게 해야 안정감을 얻을 수 있는지 알지 못하기 때문이다. 말하자면, 우리는 우리 자신의 케어 시스템을 제대로 파악하지 못한 것이다. 더불어 드라이브와 패닉이 우리 인생을 지배하는 시스템으로 발전하도록 유도한 원인이 무엇인지, 그리고 이 두 시스템을 활성화한 유발인자가 무엇인지조차 정확히 파악하지 못하고 있다.

그렇다면 여러분에게 프로그램의 첫 번째 단계, 그라운딩이 의미 있는 이유는 무엇일까? 그라운딩은 신체 심리 치료에서 사용하는 개념으로 지구와 관계를 맺는 신체적 측면과 심리적 측면이 신체 기능적 정체감으로 이완된 반응을 통해 세상에 대한 능동적인 참여를 유도하는 것이기 때문이다. 가끔 여러분이 왜 그런 식으로 반응하는지 또는 어떻게 반응하는지 제대로 자각하고 나면 보다 의식적이고, 확신에 찬 상태로 행동할 기회가 생긴다. 그것을 통해 여러분 내면의 힘과 안정감이 생성되고, 타율성을 따르는 기분이 감소한다.

1단계 연습은 종종 쫓기고, 안절부절못하고, 스트레스에 치이거나 방향성을 상실한 기분에 허우적거리거나 좀 더 폭넓은 의미에서 두려움과 맞선 사람들에게 적합하다. 물론 그 이유가 회복탄력성을 강화하고 싶다거나 그냥 좀 더 자신을 제대로 알고 싶은 취지, 혹은 행복의 레퍼토리를 확장하고 싶은 것이라도 상관없다.

나는 치료가 시작되면 첫 단계에서 그들이 나를 찾아온 이유와는 상관없이 언제나 그라운딩 과정을 진행한다. 무엇보다 가장 먼저 내면의 안정감을 이루는 근간을 재확립하기 위해서다. 마음이 불안하고 두려움이 가득할 때 새로운 것을 습득하기란 불가능하다. 일반적으로 내면에 가득한 두려움과 스트레스가 비명을 지르며 방해하는 탓에 새로운 목소리가 전혀 들리지 않기 때문이다. 그러므로 시끄럽게 아우성치는 목소리의 상극인 그라운딩을 충분히 시행하는 것이 가장 먼저 해야 할 과제다.

그라운딩 1단계: 나는 누구인가?

온라인이든, 오프라인이든 여러분이 이 책을 발견하기 위해 심리학 분야를 찾았다는 사실만으로도 여러분과 나에게는 공통점이 있다는 뜻일 것이다. 어려서부터 여러분과 나를 키우며 영향을 준 양육자들은 분명 최선을 다했을 것이다. 그렇지만 그들도 때때로 '나사가 좀 풀린 것 같은' 모습을 보였다. 건강한 의식 상태로는 도무지 공감하기 힘든 이야기를 들려주거나 모습을 직접 보여주기도 했다. 그런 뒤에도 그것이 전부 좋은 의도였다고 말하며 우리를 상처 입히고, 당황하게 하고, 두렵게 했다.

다시 한번 여러분의 드라이브 그리고 패닉 레퍼토리를 살펴보면, 언젠가 여러분에게 영향을 미치고 밀접한 관계였던 사람들의 행동 또는 그들과 겪은 경험에서 기인했을 가능성이 높다. 밀접한 인물에는 부모, 형제, 자매, 조부모 그리고 다른 가족 구성원이 포함된다. 그 밖에 보육교사, 교사, 유치원 및 학교 친구, (전)연인 혹은 배우자가 될 수도 있다. 그것이 어떤 형식이든 여러분이 그들의 의견을 중요하게 생각하며 그들의 주변에서 생활하고 심지어 의존하거나 자발적이든, 그렇지 않든 그들에게서 무언가를 배운 대상을 지칭한다.

"넌 절대 배울 수 없어!"

"그렇게까지 심각하지 않으니까 울지마."

"말도 안 되는 소리! 걱정할 필요가 전혀 없어."

"다른 사람도 다 할 수 있는데, 어째서 넌 그 모양이니?"

"그렇게는 절대 돈을 못 벌지, 솔직히 제대로 된 일이라고 하기도 그렇잖아!"

"쟤 좀 봐. 쟤는 예전부터 잘만 하는 데 도대체 넌 뭐니?"

"그렇게 이기적으로 굴지 마라!"

"좀 더 참아서 끝내라고!"

"넌 항상 …… 않도록 해야 해! 그렇지 않으면……!"

"네가 하는 것처럼 하면 절대 아무것도 될 수 없을 거다!"

"넌 재능이 전혀 없어."

드라이브 및 패닉 시스템은 이런 말들을 일명 내사interjection를 활용하여 여러분을 물들여간다. 게슈탈트 심리 치료의 개념에서 내사란 비교적 검증 없이 믿음 및 가치체계에 그대로 받아들이고, 시간이 지남에 따라 그것이 성격의 일부가 되어 궁극적으로는 우리 행동에 영향을 미치는 것을 말한다. 다음 단계에서 내사가 우리를 어떻게 만드는지 심도 있게 다룰 예정이다. 지금 여기에서는 우선 여러분이 드라이브와 패닉이라는 두 시스템과 관련하여 결심한 내용과 지금까지 여러분의 인생에서 각 시스템이 관여했던 부분을 기록하는 데 집중할 것이다.

드라이브DRIVE

- 때때로 여러분이 더 많은 것을 성취해야 할 것만 같은 기분에 사로잡히게 하고, 목표 달성 후에도 곧이어 또 다른 목표를 쫓는 데 기여한 관점, 사건, 사람, 경험이 있다면 무엇인가?

- 우선 드라이브 시스템에 마음을 열고 무슨 말을 하는지 귀기울여 들어보자. 더 많이 성취하고, 소비하는 것으로 마침내 달성할 수 있는 것은 무엇이라고 생각하는가? 여러분이 꿈꾸는 최종 목표가 충족되는 시점은 언제일까? 여러분이

많은 부분을 감수하면서까지 언젠가 꼭 이루려고 하는 그 것은 정확히 무엇인가?

- 그렇게까지 갈망하는 목표를 달성하기 위해 여러분이 선택한 방법은 무엇인가? 다시 말해, 그 소망을 최대한 이른 시일 안에 이루기 위해 여러분이 고안한 전략은 무엇인가?
- 그 전략에 달갑지 않은 부정적인 부작용이 있는가? 있다면 무엇인가?

지금 당장 먼지가 자욱한 곳에 있을 여러분의 드라이브 유령과 접촉하기가 힘들다면, 우선 심호흡부터 해본다. 그리고 지금 여러분이 믿음직한 친구와 함께 이미지 속 지하실로 내려가고 있다고 상상한다. 주변을 둘러보기에 충분한 환한 빛을 떠올리며, 함께 온 친구에게 저 아래 똬리를 틀고 있는 것이 무엇인지 얘기해보자. 이를테면 이렇게 말이다.

"아아, 여기 좀 봐. 이 상자에 내 드라이브 시스템의 성향을 결정한 주요 경험이 담겨 있어. 아버지가 실직하던 순간부터 인생 자체가 송두리째 변해버렸지. 아버지는 알코올 중독자가 되어버렸고, 어린 시절에는 돈이 없어서 수학여행을 한 번도 못갔어. 어머니는 아버지가 쓸모없는 사람이라고 늘 입에 잔소리를 달고 사셨지. 지금 하는 일도 오래전부터 전혀 즐겁지 않지만, 그만두는 건 불가능해. 나와 내 가족이 예전 같은 지긋지긋한 운명에 휘말리지 않으려면, 날마다 내 한계까지 일해야 했으니까. 게다가 내가 무척이나 사랑했던 할머니께서 항상 말씀하셨었지. 언제라도 야심한 밤이 되면 우리에게서 모든 것을 빼앗고 해칠 수 있는 침입자가 올 수 있으니 잠을 자더라도 한 쪽 귀는 열고 경계해야 한다고 말이야. 그래서 내가 지금까지도 내면의 스위치를 끄는 것이 이렇게까지 힘든 것 같아. 내 집에 있어도 전혀 안정감이 느껴지지 않거든.”

이때 여러분과 동행한 동반자의 임무는 그저 여러분의 말에 귀 기울여 주는 것이다. 때때로 여러분의 손을 꼭 잡고 있는 상대의 모습, 혹은 상황에 따라 필요하다면 여러분을 품에 안아주는 모습을 연상해본다. 그러다 너무 힘들어지면 여러분의 손을 꼭 잡고 있는 동행과 함께 다시 계단 위로 올라와 따뜻한 차를 한 잔 마시며 일단 아래에서 발견했던 것들은 잠시 미뤄둔다. 그리고 다음 번에 남겨둔 나머지를 둘러본다.

믿음직한 동행이 함께하는 상상이 도움이 된다면, 이 기법을 패닉 시스템에 적용하거나 다시 드라이브의 주요 순간으로 돌아간다. 이런 방식으로 여러분의 시스템을 면밀히 관찰해보자.

패닉PANIC

- 근본적으로는 전혀 그렇지 않거나 그럴 필요가 없는 상황에서도 두려움에 질려 행동하거나, 위협받는 기분이 들거나, 온통 자신을 방어해야 한다는 생각에 몰입하게 만든 관점, 사건, 사람, 경험이 있다면 무엇인가?
- 여러분의 패닉 시스템에 마음을 열고 솔직하게 그 내면에 귀를 기울여보라. 가장 두려운 것은 무엇인가?
- 이 두려움에 대처하기 위해 혹은 그런 감정을 느끼지 않기 위해 고안한 전략은 무엇인가?
- 혹시 그 전략에 예기치 않은 부정적인 부작용이 있는가? 만약 그렇다면 무엇인가?

드라이브와 패닉이 쌓여 있는 지하창고에 친구 혹은 믿음직한 동행과 함께 찾아가는 상상 기법은 여러분이 겪었던 경험 가운데 처음으로 누군가 곁에서 증인이 되어준 것이기에 그만큼 더 유용하다. 이런 점은 심리 치료가 여러분의 치유에 유용한 여러 이유 중 하나인 동시에 가장 중요한 핵심이기도 하다. 다른 누군가가 여러분의 두려움, 상처, 경험과 체험의 증인이 되어 여러분이 겪은 고통을 눈여겨보고 그 고통에서 빨리 벗어나려는 것이 아니라 곁에서 함께 공감하며 고통이 가득한 그 감정에 새겨진 공포가 서서히 사라질 때까지 곁에 머물러 준다.

특히 우리가 어떻게 해야 할지 전혀 감을 잡지 못할 때 그런 시련은 유독 혹독해진다. 나아갈 방향성을 상실한 순간 왜 그런 일이 벌어진 것인지, 어떻게 그렇게까지 되었는지, 혹은 어떤 사람이 왜 그렇게까지 말하거나 행동하는지 또는 어떤 방식으로 말하거나 행동하는지조차 전혀 납득하지 못하는 상태에 이른다.

다수의 아이가 그런 상황에 부닥치곤 했다. 앞서 말한 사례자의 할머니는 전쟁 트라우마가 있었다. 그렇기에 누군가 불쑥 집에 들어오지 않을까 하는 강박과 두려움에 항상 시달렸다. 그리고 전쟁이 끝난 지 한참이 지난 현재에는 현실적으로 거의 불가능한 상황임에도 그런 이유 모를 불안감이 지속됐다. 그리고 아버지도 좌절감과 실패에 대처하는 법을 따로 배우지 못했기에 술에 의존할 수밖에 없었다는 말을 가족에게 하지 못했다. 의지가 저하되는 상황이 거듭될 때 아버지에게 필요했던 건 잔소리가 아닌 응원이었을 것이다.

게다가 그런 부정적인 감정과 숙명적인 실패를 이겨내는 또 다른 길이 있다는 사실조차 알지 못했다. 어린 시절, 우리에게는 그러한 상황에서 대안을 보는 기회와 능력이 부족했다. 따라서 먼저 경험한 사람들의 말을 전적으로 신뢰하고, 주어진 현실에 최대한 적응하려 최선을 다하는 것밖에는 달리 선택의 여지가 없었다. 무릇 어린아이가 의존하는 대상의 관점과 행동에 의문을 품는 일이란 그것을 어떻게든 수용하고, 그 범주 내에서 창의적인 대처 방법을 찾는 것보다 훨씬 두려운 일이었을 것이다. 그렇게 이 모든 것은 아이에게 앞서 언급했던 내사, 즉 확신으로 꿀꺽 삼켜진다. 그런 뒤에는 다음과 같은 드라이브 혹은 패닉 레퍼토리로 굳혀진다.

"이 일을 그만두면, 나와 내 가족은 불행해질 거야." 또는 "단한 번의 방심도 위험할 수 있어!"

무엇보다 나는 이 지점에서 중요한 한 가지를 재차 강조하고자 한다. 우리의 목적은 오늘날 여러분이 왜 그렇게까지 과로하고 두려움에 빠진 채 행동하는지 그 책임을 추궁하려고 여러분의 패닉과 드라이브를 생성한 발언자를 찾는 것이 결코 아니다. 나 역시 그랬고 여러 다른 사람들도 그랬지만 인생의 시작이나 과정에서 터무니없는 말들을 들려준 몇몇 사람들이 일을 보다 악화시켰고, 심지어 용서할 수 없는 상처마저 입혔다.

그라운딩에서 가장 중요한 핵심은 여러분이 이와 같은 사실을 인지하고, 자신에게 한때 그런 일이 일어났다는 것을 인정하며 자신을 위한 공감을 자각하되 그 과정에서 자기연민에 빠지거나 다른 누군가에게 책임을 전가하지 않는 것이다.

자기연민은 공감과 완전히 다른 것이다. 자기연민에 빠지면 자신에게 전혀 접촉하지 못한다. 여러분은 자신의 고통에서 타인을 차단하는 동시에 자신을 상황의 희생양으로 몰고 간다. 반면 자기 공감의 경우 여러분은 자신에게 접촉되어 있다. 과거에 있었던 그 일이 뭔가 괜찮지 않고, 그로 인해 고통을 겪었다는 것을 자각한다. 자기 공감의 상태인 여러분은 고통이란 심오하면서 인간적인 것임과 동시에 이 고통을 세상의 수많은 사람과 함께 공유한다는 사실을 인지하고 있다. 자기 공감으로 여러분은 자신의 케어 시스템을 활성화하고, 희생양에서 다시 여러분 인생의 창조자가 된다. 이제 여러분은 다시 자신을 힘들게 할 고통을 완화하거나, 미래에 생길 가능성이 있는 고통을 예방하려면 무엇이 득이 될지 고민할 수 있는 여력을 갖췄기 때문이다.

현실을 책임져라

삶의 희생양에서 창조자가 되는 단계에 이르려면 선행되어야 하는 것이 있다. 지금까지의 경험이 여러분이 걸어온 인생 행로의 일부였음을 수용하는 법을 배우고, 타인이 여러분의 과거를 재규정해주기를 바라는 태도를 멈춰야 한다. 단연코 그런 일은 일어나지 않기 때문이다. 물론 여러분은 자신의 모든 시간을 불평하는 데 할애할 수 있다. 그리고 날마다 주어지지 않은 무언가를 얻기만을 하염없이 소망하거나 과거, 현재할 것 없이 상대에게 원하는 것이나 바라던 방식을 절대 얻지 못할 거라고 체념할 수도 있다. 하지만 이제 그런 태도를 버리자. 그 대신 해당 경험을 바탕으로 여러분 스스로 세운 전략과 지금까지 잘 살 수 있게 해준 그런 것들을 상기하며 고마워하도록 노력해보라. 더는 고리타분한 정신에 주도권을 넘기지 말고, 자신의 손으로 직접 현생을 결정하고, 책임져보자.

많은 사람이 뭔가 부족한 현실에 대한 책임을 지느니 막연한 갈망이라는 감정에 빠져 있기를 선호한다. 그런 사람들은 수년 혹은 평생 동안 특정인의 사랑과 관심을 갈구한다. 그러다 모든 애정 표현 또는 타인의 관심에 눈과 귀가 멀어버린다. 정말 비극적인 시간 낭비가 아닐 수 없다! 여기서 유일하게 도움이 될 통찰이라면 원래 사람이란 모두 불완전하기에 주변의 기대를 전부 충족시키지 못한다는 사실이다. 게다가 현실은 그렇게 갈망하던 전설의 피리 소리만큼 섹시하지도 않다. 그런데도 지루하기만 하고 상처투성이인 경험에 비하면 그나마 갈망이라는 감정이 훨씬 흥미진진하고 그럴 듯해 보이는 것도 사실이다. 그런 유혹에 빠진 사람들은 초라한 현실에 저만의 환상을 개입시키는 악순환에 빠져버린다.

개인적으로는 그런 모험을 감수하면서까지 누군가의 엄마 혹은 아빠가 되고 나면 누구나 불완전하다는 진리가 조금 더 이해되리라 생각한다. 자식을 아무리 마음을 다해 사랑하고, 세상에서 가장 아름다운 인생을 살아가기를 기원하더라도 자식이 원하는 것을 전부 줄 수 없는 그런 필연적인 지점에 도달할 수밖에 없다. 두 사람이 만나면 둘 중 한 명이 만족하지 못하고 실망하는 상황을 피할 수 없다. 그리고 그럴 때 여러분 혹은 상대의 부족함을 함부로 비난하지 않는 태도만으로도 그 관계는 몹시 자유로워진다. 물론 가능하다면 여러분이 줄 수 있는 최고를 주고, 할 수 있는 범위 내에서 애정을 선사하는 것이 맞다. 하지만 그럴 여지가 없다면 스스로 인정해야 한다.

"그래, 이 상황에서 당장 네가 바라는 걸 줄 수는 없어. 하지만 내가 나쁜 의도나 거부감이 있어서 그러는 건 아니란다. 그냥 지금은 불가능하기 때문이야. 미안하지만, 이런 나를 용서해주길 바라. 그래도 변함없이 널 사랑해."

그렇게 시인하고 나면 여러분은 이런 생각이 들 수도 있다.

"그래, 뭐. 이렇게 하다 보면 그 사람이 내게 어떻게 해주면 좋을지 또는 우리 관계에 도움이 될 방식이 무엇인지 그 사람이 깨달을 수도 있겠지!"

커플 심리 치료를 하다 보면, 상담에서 두 내담자(두 사람의 관계에 갈등이 있다면 무언가를 배워야 할 사람은 두 사람 모두 다)는 나의 지원 아래 상대를 대하는 방법을 다시 배운다. 둘 중 한 명이라도 변해야 할 사람이 상대라는 생각을 버리지 않고 고집한다면 그 상담은 절대로 효과가 없다. 또한 그런 변화가 누군가의 본성이나 소망에 어긋나서 감정이 상하는 경우에도 성과가 없다. 우리가 상대에게 무조건 최고가 될 필요가 없는 사람들이 이 세상에는 충분히 많다. 그러므로 그중 일부와 잘 지내지 못해도 전혀 문제가 되지 않는다. 그건 상대가 여러분보다 더 나쁘기 때문이 아니다. 다만 그들은 여러분의 가치관과 욕구가 다른 것뿐이다. 아무리 사랑해도 절대 변하지 않을 사람들과 평생 투닥거리며 허송세월을 보내느니 차라리 그 시간과 에너지를 여러분 편에 서고, 함께 있어 좋은 사람들이 가득한 환경을 조성하는 데 쏟자.

* * *

이제 드라이브 및 패닉으로 돌아가보자. 이 두 시스템에 관여한 사람이 정확히 누구였는지 그리고 무엇이었는지 파악하다 보면 굳이 상대의 인간적인 부족함을 일일이 확인하려 애쓸 필요도 사라지고, 그 사람들에게서 벗어나려는 죄책감에서 해방될 수 있다. 그리고 더는 가능하지 않을 다른 과거를 꿈꾸느라에너지를 낭비하는 대신 독립적인 미래를 만드는 데 전력을 쏟을 수 있다. 이제 성인이 된 여러분에게는 자신의 인생에 그게어떤 방식이든 여러분이 원하는 애정을 선사할 상대를 택할 선택권이 있다. 그러므로 여러분은 이렇게 말해도 된다.

"난 그런 것이 필요해. 그리고 내게 그것을 줄 누군가를 찾고있어!"

여러분에게 필요한 것 그리고 유익한 것을 논할 때 등장하는것이 바로 케어 시스템이다. 이제 여러분의 인생에서 자신을 제대로 보살피고 돌보도록 가르쳐준 사람이 누구였는지 살펴볼것이다. 하지만 막상 떠올려보면 "아무 생각도 나지 않아! 나한테는 케어 시스템 자체가 없는 거 아닐까?"라는 의심이 떠오를수도 있다. 이런 의심에 난 이렇게 대답하고 싶다.

"그건 불가능해. 정말 그랬다면 당신은 지금까지 살아 있을수조차 없었을 테니까."

누구에게나 내면에 케어 시스템이 존재한다. 사람에 따라 그크기의 차이는 있겠지만, 여러분에게도 그런 면이 있다는 것은확실하다. 그리고 희소식이라면 여러분이 원한다면 언제라도그 부분을 확장할 수 있다는 점이다!

게슈탈트 심리 치료에서는 인생의 혹독한 시련이 닥쳐도 계속 살아가게 하는 힘이 되는 특정 부분을 '신체 고향Körper-Heimat'이라고 부른다. 그 장소는 온전하지 않을 수도 있고, 많은 것을 경험했을 수도 있다. 하지만 그 내면에는 흔들리지 않는 무언가가 존재한다. 마치 여러분 자신을 단단히 붙들어 맬 수 있는 닻처럼 말이다.

이제 소개할 명상 기법은 여러분을 신체의 고향으로 인도한다. 이 명상은 약 10분간 진행된다. 우선 앞서 드라이브와 패닉 시스템에서 수련했던 것처럼 여러분의 케어 시스템에 대한 몇 가지 사항을 기록한다. 또한 이번에는 명상을 끝낸 직후 곧바로 이어 케어 시스템과 신체 고향을 떠올리기를 추천한다. 우리가 종이에 기록하려는 취지는 예술 작품을 완성하는 것이 아니기에 크게 부담을 가질 필요가 없다. 여러분은 내면에서 벌어지는 일을 살펴보며 놀라게 될 것이다. 도입부에 설명했던 것처럼 케어 시스템은 우리 내면에서 창조적이고 직관적인 부분을 맡고 있다. 그러므로 차분히 여러분의 창조적인 부분을 활성화하는 연습에 집중해보자.

명상: 신체 고향

자세를 바르게 하고 앉은 후 최대한 긴장을 풀어본다. 코로 몇 차례 심호흡을 한 후 잠시 호흡에 집중한다. 이제 몸을 바닥에 뉘고 양손을 신체 고향이 될 지점에 내려놓는다. 그 지점이 어디일지 오래 고민하지 않도록 최대한 손이 즉흥적으로 움직이도록 둔다. 오늘 여러분의 몸에서 그 장소가 어디일지는 양손이 결정하게 한다. 신체 고향이 되는 장소는 때에 따라 변하기도 한다. 나도 모르는 새 양손이 저절로 복부에 놓이는 날도 있고, 허벅지나 뺨에 닿는 날도 있다. 물론 항상 같은 장소를 선택할 수도 있다. 딱히 장소를 정하기가 힘들다면, 매일 밤 잠들기 전 여러분의 손이 주로 어느 위치에 있는지 잠시 떠올려보는 것도 도움이 된다. 그리고 그곳으로 손을 뻗어본다.

이제 오늘 여러분의 신체 고향이 될 장소를 결정해본다. 그 곳에 손을 얹은 후 양손으로 여러분 자신과 접촉하고, 의식을 집중하며 동시에 호흡을 느껴본다. 이제 의식을 여러분이 선택한 신체의 고향으로 옮기고, 그곳에서 무엇이 느껴지는지 집중해본다. 처음 보는 아름다운 풍경을 탐색하는 것처럼 최대한 호기심을 갖고 살펴보자. 두 눈을 감고 마음의 눈으로 그곳에 보이는 모습을 탐색한다. 그 부위에 얹어놓은 손에 닿는 느낌은 어떠한가? 여러분의 상상에는 무엇이 등장하는가? 그리고 특성(온기, 침묵, 힘, 부드러움, 고요함, 안정감 등)이나 그곳에 보이는 색상, 형태 혹은 시각적인 인상은 어떠한가? 그 장면에서 충분하다고 느낄 때까지 머물러본다. 그리고 충분히 탐색했다는 기분이 드는 순간 평소 글씨를 쓰지 않는 손으로 펜을 들고 별도로 준비해둔 종이에 여러분이 탐험한 신체의 고향을 그려보자. 이때 그 광경에 대해 깊이 생각하지 말고 떠오르는 심상을 즉흥적으로 그리도록 유념한다.

케어 CARE

- 오늘 여러분의 케어 시스템이 신체 고향으로 지정한 신체 부위는 어디인가?

→

- 그곳은 어떤 특성(평온, 따뜻함, 안정감 등)이 느껴지는가? 그 장소에 있는 여러분의 기분은 어떠했는가?

→

- 여러분 상상 속 케어 시스템과 신체의 고향에는 눈에 띄는 특정 색상이나 형태가 있는가? 또는 그곳에서 무엇을 발견하였는가?

→ _____

_____

- 여러분에게 마음의 지원(안정감, 신뢰, 중심 등)이 필요할 때 이 신체 부위에 떠올릴 수 있는 감정은 무엇인가?

→ _____

_____

이제 다음 단계로 넘어가보자. 마음의 눈을 신체에서 벗어나 머릿속으로 이동한 후 분석 측면에서 여러분의 감각과 의식을 둘러본다.

- 여러분의 내면에 케어 시스템을 구축하고, 신체 고향처럼 흔들리지 않는 무언가가 자리 잡도록 기여한 관점, 사건, 사람 및 경험이 있다면 무엇인가?

→

・자신을 돌보기 위해 여러분의 케어 시스템은 어떤 전략을
세웠는가? 그 과정에서 여러분이 맡은 역할은 정확히 무엇
인가?

→

・진솔하게 당신의 케어 시스템이 하는 말에 귀를 기울여보
자. 지금 여러분 마음속 깊은 곳에 새겨진 욕망은 무엇인
가? 여러분이 자신에게 바라는 것은 무엇인가? 당장 무엇
을 해야 여러분 자신에게 유익하고 이로운가?

→

훌륭하다! 여러분은 아주 잘 해냈다!

* * *

이제 여러분은 자신에 대해 제법 많은 것을 알고 있다. 그리고 이것으로 우리는 그라운딩의 첫 번째 과제를 완수했다. 지금은 이 책의 여정에서 잠시 호흡을 고르며 터득한 모든 것이 스며들도록 하기에 적절한 지점이다. 새로운 경험이 신체와 정신에 깊이 스며들려면 휴식이 매우 중요하다. 전혀 휴식을 취하지 않으면 학습도 불가능하다. 그럴 경우 여러분은 에너지를 소모하기만 할 뿐, 적응하지 못한다. 다시 말해 새로운 경험을 제 것으로 소화하지 못하고, 훨씬 더 빠른 속도로 전부 잊어버릴 것이다.

당장 드라이브 시스템이 여러분에게 반항하며 잠시 아무것도 하지 않고, 그냥 앉아 있기를 거부해도 걱정할 필요는 없다. 앞으로 내가 그런 여러분의 손에 맞춤 기법을 건넬 것이기 때문이다. 그것을 복습하면서 여러분은 며칠 안으로 지금껏 배운 것을 처리하고 적응하게 될 것이다.

앞으로 여러분 내면의 세 시스템인 드라이브, 패닉, 케어에 관한 일기를 작성한다. 저녁마다 잠시 시간을 낸 후 다음 질문에 대해 곰곰이 생각해본다.

마음챙김 일기장

오늘 하루 드라이브 시스템은 언제 그리고 어떤 방식으로 활성화되었는가? 정확히 어떤 상황이었는가? 그리고 여러분은 어떻게 반응했는가? 드라이브가 활성화된 순간 여러분은 그 상태를 자각하고 있었는가? 당시 여러분이 느낀 신체적 감각은 무엇이었는가? 그때 든 생각과 감정은 무엇이었는가?

_____

_____

다음에도 유사한 상황에 부닥친다면 자기 자신과 드라이브 시스템에 바라는 것이 있는가? 그때 자기 자신과 주변 사람들을 좀 더 배려하며 대처하려면 어떻게 해야 할까?

_____

_____

오늘 하루 패닉 시스템은 언제 그리고 어떤 방식으로 활성화되었는가? 정확히 어떠한 상황이었는가? 그리고 여러분은 어떻게 반응했는가? 패닉이 활성화된 순간 여러분은 그 상황을 자각하고 있었는가? 당시 여러분이 느낀 신체적 감각은 무엇이었는가? 그때 든 생각과 감정은 무엇이었는가?

→

다음에도 유사한 상황에 부닥친다면 자기 자신과 패닉 시스템에 바라는 것이 있는가? 그런 상황에서 자기 자신과 주변 사람들을 좀 더 배려하려면 어떻게 해야 할까?

→

오늘 하루 케어 시스템은 언제 그리고 어떤 방식으로 활성화되었는가? 정확히 어떠한 상황이었는가? 그리고 여러분은 어떻게 반응했는가? 자신의 케어가 활성화된 순간 여러분은 그 상황을 자각하고 있었는가? 당시 여러분이 느낀 신체적 감각은 무엇이었는가? 그때 든 생각과 감정은 무엇이었는가?

→

이 경험들을 어떻게 하면 여러분의 케어 시스템에 통합할 수 있을지 생각해보자. 우선 여러분의 신체 고향에 접촉한다. 그리고 케어를 통해 행동하며 마땅한 지점을 찾고 닻을 내릴 수 있는 경험이 어떤 모습일지 떠올려본다. 그 이후에도 발견한 신체 고향에 조금 더 머무른다. 그리고 그렇게 자신의 내면에서 힘과 그라운딩을 스스로 이끌어낸다.

일기까지 썼다면 이로써 여러분은 그라운딩의 첫 관문을 성공적으로 완수했다. 이제 "내게 필요한 것은 무엇인가?" 이것이 바로 그라운딩의 두 번째 단계에서 살펴볼 핵심 질문이다. 다음 연습으로 우리는 자신의 내면에 숨어 있는 근본적인 욕구를 얼마나 제대로 알고, 충족시키고 있는지 재조명해볼 것이다. 더불어 자신에게 제대로 안착하여 연결되어 있는 감정을 느끼려면 무엇이 필요한지 일상에서 떠올리는 데 필요한 연습법과 전략을 살펴볼 것이다.

그라운딩 2단계: 내게 필요한 것은 무엇인가?

이제 여러분은 접촉된-나가 욕구 충족을 위해 드라이브, 패닉, 케어 이 세 가지 시스템이 함께 가동된다는 것을 알고 있다. 그리고 그 욕구가 충족되면 마음의 안정감을 느낀다. 반대로 그 욕구가 부분적으로 충족되거나 아예 충족되지 않음으로써 자신에게 필요한 것에 더는 접촉되어 있지 않을 때 우리의 상태는 불안정해지고, 두려움을 느낀다.

게슈탈트 심리 치료 측면에서 욕구란 변화를 향한 개개인의 소망으로 간주한다. 무언가 결핍되어 있을 때 유기체는 불균형에 빠진다. 이를테면 배고픔, 갈증, 타인과의 친밀함을 바라는 갈망, 정신적 혹은 신체적 활동 및 발달, 인정 욕구 등 유기체는 자신의 욕구를 충족시킴으로써 불안정한 상태를 조율하려고 시도한다. 그러므로 이 세상에서 자신의 욕구 충족에 필요한 요소를 찾는 문제에는 개개인의 적극적인 참여가 필요하다.

앞서 여러분은 선택을 결정해야 하는 접촉 경계에 대해 배웠다. 게슈탈트 치료사로서 우리는 자신에게 이로운 길을 선택하고, 해가 되는 방식을 피하려면 때때로 공격성aggression이 필요하다고 말한다. 게슈탈트 심리 치료에서 공격성이란 긍정적인 개념으로 활용되며, 유기체의 환경에서 욕구 충족과 성장에 필요한 것을 얻도록 지지해주는 능력으로 간주한다. 우리는 이러한 긍정적인 공격성을 억제하는 경향이 질병, 정서적 대인관계, 사회적 문제를 야기하는 유발인자라고 이해하고 있다. 여기서 게슈탈트 심리 치료 측면에서 바라보는 공격성이 무절제한 파괴를 뜻하지 않음을 확실히 이해하는 것이 무엇보다 중요하다. 긍정적인 공격성은 오히려 새로움을 형성할 수 있도록 돕는다. 또한 환경에서 계속 반복되는 상태를 극복하려는 매우 의미심장하고 목표지향적인 요소라고 할 수 있다.

음식 섭취를 예로 들자면 평소보다 한 번 더 씹는 행위가 바로 공격적인 행동인 것이다. 유기체는 환경의 요인을 씹고, 물어뜯는 공격성을 통해 그것을 자신의 것으로 소화한다. 그렇게 소화된 것은 유기체를 위한 영양 만점의 자양분이 되고, 그로써 유기체는 성장하고 변화를 시도한다.

하지만 몹시 흥미롭게도 우리는 자신에 관한 많은 것을 모를 때가 종종 있다. 충만한 기분과 만족감을 언제 느끼는지, 자신의 인생과 함께 성장하는 과정에서 실질적인 욕구가 무엇인지 그리고 정말 필요한 것은 무엇인지 아리송할 때가 있다. 내면에서 무언가 욕구가 느껴지더라도 제대로 알지 못하거나 또는 아예 그 욕구 자체를 제대로 느끼지 못하는 우리는 그냥 아무거나 손에 잡히는 대로 붙잡아 버린다. 우리에게 필요한 올바른 공격성이 잘못된 방향으로 그리고 파괴적인 방식으로 적용되는 이유가 바로 그것이다. 아무거나 혹은 아무나라도 순간적으로 꼬르륵 요동치는 배 속과 간절한 마음을 채워줄 수는 있다. 그렇지만 사람이라는 유기체는 뛰어난 동시에 매우 영리한 존재다. 허겁지겁 선택한 후 얼마 지나지 않아 우리가 경솔하게 채워 넣은 것이 저에게 맞지 않는다는 결정을 명확히 통보한다. 그리고 그것이 바로 신체적 혹은 정신적 문제로 이어지는 것이다.

나의 내담자들 중에서도 겉으로 보기에는 게슈탈트 심리 치료적 의미의 공격성 억제 문제가 전혀 드러나지 않는 사람들이 제법 있었다. 그들은 자신의 욕구와 욕구 충족을 위해 모든 것을 희생했지만, 마음이 공허하기만 했다. 그렇게 항상 내적 불만에 접촉된 그들은 실상 있지도 않은 감정에 힘들어했다. 그런 일이 벌어진 이유는 무엇이었을까? 이 사람들은 자신에 관한 낡고 오래된 정보를 토대로 행동했다. 그리고 자신이 세운 이상적인 모습에 관한 욕구를 실현할 생각밖에 하지 못했다. 따라서 자신이 그렇게 원하는 것 이면에 숨은 진정한 필요성에는 전혀 접촉하지 않았던 것이다.

이쯤 해서 이와 관련된 사항을 좀 더 자세히 설명하겠다. 어쩌면 여러분도 분명 자신에게 필요한 것이라 생각하여 전념을 다해 이뤄냈지만, 이루고 나서 기대했던 만족감이나 기쁨이 아니라 실망감 혹은 공허함뿐이었던 경험이 있을지도 모른다. 그렇다면 여러분에게도 나의 기존 내담자들과 동일한 문제가 있는 것이라고 할 수 있다.

여러분이 자신에게 특정 욕구만 있다고 확신하는 그 이면에는 분명 과거에 그렇게 말한 사람이 있었을 것이다. 아니면 유년 시절, 청소년기 또는 인생의 어느 한 시점에서 그런 욕구를 느낀 적이 분명 있었을 것이다. 그렇지만 그 이후에도 그런 상태를 제대로 검증해본 적이 없기 때문일 수도 있다. 아니면 제 연령대의

'모두가' 그렇게 하고 있으니까, 인생의 중대사를 결정해야 하는 시점이니까, 남자/여자로서 해야 하니까라는 막연한 동경으로 좇고 있었던 걸 수도 있다. 혹은 정작 자신은 그런 식으로 시작할 마음이 그리 없음에도 불구하고 그것이 평소 여러분이 추구하는 이상향의 모습이라면 저도 모르게 자신이 이런 욕구를 소유하고 있다고 가정했을 수도 있다.

실제로 나는 상담실에서는 마지막 사례를 놀라울 정도로 자주 접할 수 있었다. 물론 한때 나도 그런 부류에 속했지만, 사람들은 이상향에 맞추려고 애를 쓰며 전전긍긍하느라 정작 진짜 자신의 인생을 놓치고 있었다. 예컨대 30대 중반 여성이 꿈꾸는 이상향은 어떨까? 늦어도 이쯤 해서 자식 한 명 정도는 있어야 하고, 그에 따라 생활을 조절하는 것이 가능해야 한다. 가정에서 말하는 이상적인 남편이라면 가정의 재정적인 안정을 제공할 수 있어야 하고, 적어도 40대 말까지는 수입이 적은 직종으로 이직하는 일은 절대 고려조차 하지 말아야 한다. 행복한 부부의 이상적인 모습은 무슨 일이 있어도 각방만큼은 절대 쓰지 않는 것이다. 이상적인 친구라면 아이가 둘인 친구의 가정사에도 예전에 둘만 만날 때만큼이나 관심을 보여야 한다.

인생은 변하기 마련이고, 그와 함께 우리도 변한다. 따라서 시간이 흐르면서 우리의 욕구와 관심사가 변하는 건 당연한 일이다. 앞서 언급했듯 연결성은 정적靜的인 것이 아니라 그 과정 자체다. 그렇게 계속 발전하고, 새로운 형태를 갖추고, 변하는 것이 바로 과정의 특징이다. 그리고 사람은 굉장한 학습 능력을 바탕으로 그런 변화에 대처한다.

따라서 여러분이 자신의 것이라 믿었던 욕구를 따라 최선을 다한 후에도 뭔가 충족되지 않는 기분이 든다면, 그건 여러분이 머리로만 생각하며 퍼포먼스-나에 의거하여 행동했을 가능성이 몹시 크다. 여러분은 그 욕구가 정말 자신에게 (여전히) 필요한 것인지 신체와 자신의 전부를 통해 검증하지 못했다고 할 수 있다. 그것이 여러분에게 케어 시스템이 필요한 이유다. 지금까지 그저 원하는 것에만 멈춰 섰던 여러분은 정말 자신에게 필요한 것이 무엇인지 들여다보지 않은 것이다.

전형적인 사례를 들자면, 정말 휴가가 간절하다고 느끼는 상황에서도 사람들은 필요한 것(케어 시스템을 동반한 접촉된-나)이라는 값진 정보를 제대로 활용하지 않은 채 원하는 것(퍼포먼스-나)만을 쫓는다. 하지만 여러분의 신체는 이미 일정 기간 전부터 휴식이 필요하고, 이직도 좋은 선택이라는 신호를 보내고 있었을지도 모른다. 그리고 신체의 신호를 간과하고 무시하는 시간이 길어질수록 우리의 신체가 서서히 넌더리를 느끼는 지점에 도달할 가능성이 커진다. 평소 여러분을 괴롭혔던 피로감, 집중력 저하, 예민함, 두통 혹은 복통과 같은 여러 작은 신호가 어느 정도 이어진 후 어느 순간 갑자기 아무것도 느껴지지 않으면서 번아웃에 빠지고야 만다. 그런 상황에 이르기 전에 우리는 마지막으로 남은 드라이브로 힘을 짜내 가능한 한 따뜻하고, 집에서 멀리 떨어진 곳을 찾아보며 성급히 다음 휴가지를 검색한다. 여행을 다녀오면 전부 괜찮아지고, 휴식으로 뭔가 다시 잘될 가능성도 있을 거라 판단한 것이다. 그렇지만 모든 일이 예상처럼 흘러가지 않을 가능성도 있다. 더욱이 그런 휴식 효과마저 집으로 돌아오는 탑승구에서 항공권을 스캔하는 순간 모조리 사라질 수도 있다. 그 이유는 무엇일까? 아주 간단하다. 지금 이 휴가에서 우리에게 필요한 것이 무엇인지 정확히 들여다보고, 더 강해져서 돌아올 여행을 준비할 시간이 없었기 때문이다.

예컨대 한적한 풍경, 자연과 혼자 있고 싶은 갈망이 크다면, 당장 여러분이 꿈꾸던 다음 여행 버킷리스트에 절친과 함께 떠나는 뉴욕 여행이 있더라도 지금 여러분에게 정말 필요한 것은 그것이 아니다. 만약 제대로 능력을 발휘하지 못해 쌓인 불만 때문에 뭔지 모를 공허함이 느껴진다면, 휴가 동안 자기발전을 위한 세미나에 참석하고, 코칭이나 자기발견 강좌에 등록하는 것이 이제는 눈감고도 뷔페에서 새우 칵테일을 찾을 수 있고, 경험상 영원히 똑같은 일정만 반복될 것 같은 호화 리조트에 세 번째 방문하는 것보다 훨씬 의미 있다.

　욕구를 충족시키려면 가장 먼저 자신의 욕구를 정확히 알아야 한다. 하지만 주변에 여러분의 결정을 알려야 함을 인지하는 것도 그만큼이나 중요하다.

　평소 손주를 너무 보고 싶어 하는 할아버지, 할머니를 위해 다음 휴가에 가족 방문 계획을 세우고 있다고 가정해보자. 원래 이 기간에 여러분이 절실히 갈망하던 휴가 계획은 조용히 앉아 책을 읽고 명상하는 여유였다. 그렇다면 이 휴가 기간 동안 마주칠 사람들에게 그런 나의 심정을 미리 알려주는 것이 좋다. 그리고 특히 "가끔은 나를 위한 시간도 필요해요."라고 말하며 자신의 욕구를 에둘러 표현하지 않으려 주의하며, 최대한 구체적으로 알린다. 그로써 상대가 여러분의 욕구에 적응할 기회를 제공하고, 나를 제외한 타인의 욕구를 배려한다는 미명 아래 여러분의 욕구를 박탈하지 말아야 한다. '가끔'이라는 표현은 여러분의 배우자에게 '아이들이 잠든 후 1주일에 한 번 30분 정도' 수준일 수도 있다. 하지만 여러분이 바라는 시간은 적어도 매일 2시간씩 그것도 저녁뿐만 아니라 대낮이 될 수도 있다. 이 간극은 엄청나다. 그러므로 그에 대해 명확히 소통할 필요가 있다.

종종 실질적인 욕구 충족이 되지 않는 또 다른 원인으로는 여러분 스스로 자신의 욕구 자체를 인정하지 않고 더 나아가 그러한 욕구를 갖는 것조차 스스로 허락하지 않기 때문이다. 여러분은 타인이나 자신이 주로 비교하는 대상의 기대와 요구사항을 자신의 욕구보다 우선으로 삼는다. 그들이 자주 하는 말은 다음과 같다.

"선생님, 그건 모두가 바라는 일인걸요. 그런데 왜 이렇게 나는 뭔가 만족스럽지 못한 걸까요?"

"만약 내가 ……가 필요하다고 인정하면 설마 여자/남자는 그래야 한다고 말씀하시려는 건 아니죠?!"

"하지만 나와 내 욕구에 문제가 있다고 쳐도, 전부 다 그렇게 살지 않나요?!"

이에 대한 나의 답변은 주로 이렇다.

"그게 왜 중요한 걸까요? 우리 솔직해져 봅시다. 내가 어떻게 생각하는지 또는 남들이 어떻게 생각하는지 또는 나를 제외한 이 세상 나머지 사람들에게 필요한 것이 무엇인지가 왜 그렇게까지 중요할까요? 내가 심리학자라서 여러분이 어떤 욕구를 가져도 괜찮은지 또는 그렇지 않은지 말해줄 권한이 내게 있다고 생각하나요? 애당초 그런 권한은 바라지도 않습니다. 그리고 여러분도 내게 그런 허락을 받을 필요가 전혀 없답니다. 욕구는 그 자체만으로 항상 옳으니까요. 물론 여러분이 그런 욕구를 표출하듯 타인도 여러분에게 맞설 권리가 있는 것도 맞습니다. 그리고 여러분이 인생에서 욕구를 실현하는 방식은 분명 개선의 여지가 있을 수도 있습니다. 여러분에게 그런 욕구가 있다고 해서 잘못된 것은 아닙니다. 이 세상의 누가 그에 대해 뭐라고 생각하든지 오롯이 여러분의 감정에 달려 있죠. 지금까지 시도했던 방식만으로는 여러분의 욕구를 충족할 수 없다는 걸 깨달았나요? 그렇다면 지금까지 필요하다고 믿었던 것 자체를 근본적으로 의심하고, 이제껏 스스로 승인했던 대처에 업데이트가 필요한 시점은 아닌지 검토해봐야 합니다."

이 시점에서 나는 앞서 연습했던 것과 똑같은 방식을 제안하려 한다. 손에 다시 펜을 쥐어보자. 지금부터 우리는 그라운딩의 핵심 요소였던 '나는 ……이다'와 '나는 ……필요하다'를 결합한 연습을 할 것이다.

우선 '나는 ……이다'라는 말에 떠오르는 내용을 적어본다. 즉, 여러분 자신과 인생을 머릿속에 떠오르는 대로 정의한다. 나는 온종일 무엇을 하는가? 좋아하는 것은 무엇인가? 좋아하지 않는 것은 무엇인가? 지금 이 순간 여러분에 관한 모든 것을 기록해보자.

예를 들어, "나는 38세다. 나는 여자고 연인이 있으며 미혼이다. 내 직업은 건축가이고, 안정적인 것을 추구한다. 나는 조깅을 좋아한다……. 나는 자연에서 시간을 보내는 것을 좋아한다. 나는 범죄소설을 읽는 것을 즐긴다. 나는 커피를 즐겨 마신다……."

이 연습을 최대한 상세하게 확장하여 '나는 ……이다'라는 문장에 떠오르는 모든 내용을 수집한다. 이 글을 작성하는 동안 이 과제에 대해 생각하지 말고 그냥 떠오르는 대로 써 내려간다.

- 위에서 설명한 그런 사람인 내가 필요하다고 믿는 것은
  _____ 다.
- 내가 생각하는 나의 이상향에는 _____ 같은 욕구가 있다.

그리고 이제는 '진짜로' 필요한 것을 다룰 차례다. 여러분의 진정한 욕구에 해당하는 것이 무엇인지 살펴본다. 이때 과거에 제대로 '포만감'을 느꼈었던 하나 혹은 여러 상황을 떠올리다 보

면 도움이 될 수 있다. 실제로 특정 음식을 먹고 난 후를 떠올려도 좋다. 과식으로 헛배 부르지도, 배고프지도 않고 기분 좋게 든든한 기분을 느꼈던 그때를 회상하며 정확히 무엇 때문이었는지 질문을 던져보자.

그런 효과가 있기 전, 그 과정 동안 그리고 그 후에는 정확히 무슨 일이 있었는가? 누군가와 제대로 접촉된 기분을 느껴본 적은 언제였는가? 그러기 위해 충족되어야 하는 기준은 무엇이었는가? 타인의 피드백과는 전혀 상관없이 일을 마쳤다는 그 자체만으로 진한 만족감을 느껴본 적은 언제인가? 나의 진정한 욕구에 해당하는 것이라고 자각 가능한 특별한 신호가 여러분의 내면에 있는가? 그럴 때 여러분의 신체는 어떻게 반응하는가? 호흡 상태는 어떠한가? 여러분의 머릿속에 무슨 일이 벌어지는가?

- 내게 정말 필요한 것은 _____ 다.
- 나는 _____ 라는 것을 깨달았다.
  나는 때때로 이런 것들이 필요하다.
- 그리고 그 아래 숨은 욕구는 _____ 다.

자신이 가진 욕구의 배경을 정확히 묻는 것은 그라운딩에서 몹시 중요한 단계다. 여러분의 일상에서 항상 이런 연습을 되풀이하며, 종종 '내가 지금 바라는 것 아래 숨은 진정한 욕구는 무엇일까?'라는 질문을 자신에게 던져보자.

한 가지 좋은 소식이라면, 때로는 여러분에게 정말 필요한 것이 아주 사소한 것만으로도 실현 가능할 때도 있다는 것이다.

평소 한 3주간 머나먼 외국으로 휴가를 떠나는 것이 여러분의 로망이었을 수도 있다. 그렇지만 당장 모든 일을 그대로 제쳐놓고 떠날 수는 없고, 또 거기에 필요한 돈을 모아야 하므로 적절한 시기를 기다려야 한다. 여러분을 위한 시간을 충분히 갖고, 자신의 바람 이면에 숨은 필요성을 심도 있게 탐구한다면 어쩌면 그런 여러분의 로망이 사실은 '항상 똑같은 업무와 일상에서 벗어나 배우자와 더 많은 시간을 함께 보내고, 새로운 추억을 쌓는 것'이었을 수도 있다. 그리고 이런 관점을 알아차린다면 당장 오늘이라도 여러분의 일상에 반영할 수 있다!

이를테면 곧장 캘린더를 꺼낸 후 정해진 스케줄에서 소소한 변동이 가능한 날이 언제인지 검토해본다. 아니면 평소 다니던 길과 다른 길로 출근하는 방법도 있다. 여러분의 일과를 기존과 다른 루틴으로 시작한다. 습관에 변화를 주고, 지금까지 한 번도 접해보지 않은 주제를 다룬 책을 구매한다. 배우자와 새로운 맛

집이나 근교를 방문하거나 안 해본 운동이나 외국어를 배운다. 이국적이고 흥미진진한 외국으로 떠나는 환상적인 3주간의 휴가는 시간만 되면 나중에 언제라도 떠날 수 있다. 일상에서 짬이 날 때마다 소소한 행동으로 내적 욕구를 충족시키려 배려하는 이러한 특별한 경험만으로도 여러분은 분명 즐거울 것이다. 이런 시간들이 켜켜이 쌓이다 보면 언젠가 기진맥진한 상태에서 떠나는 꿈같은 휴가를 더는 갈망하지 않게 된다.

미해결 욕구를 표출하는 신체적·심리적 증상

이 책의 초반에서 나는 어느 정도 시간이 흐른 뒤 나를 사로잡았던 두려움과 공포의 이면에 숨은 의미를 어떻게 깨달았는지 그리고 나의 인생에 전혀 접촉하지 못하게 방해하던 그 징후가 표출되던 방식을 설명한 바 있다. 접촉하지 못했다는 말을 다른 말로 표현하자면, 당시 나는 진정한 나의 욕구에 전혀 접촉하지 못했다. 나를 사로잡았던 두려움과 공포와 같은 증상이 바로 그 것을 암시하는 징후였다.

만약 특정 신체적 고통이 반복되고, 심리적·신체적 증상과 맞서야 한다면 전문가에게 꼭 상담을 받아야 한다. 그리고 그밖에 앞으로 소개할 연습을 시도해보기를 추천한다.

이 훈련은 특정 신체적 증상이 미해결 욕구를 나타내는 표식이 될 가능성을 살핀다. 우선 몇 가지 정보를 덧붙이자면, 어떤 증상이라도 항상 그 의미가 있으며 그것이 미해결 욕구의 표현이라고 할 수 있다. 그런 증상은 개체의 불균형을 표출한다. 여러분의 신체는 항상 신체적·심리적 고통으로 여러분과 중요한 메시지를 공유하려 한다. 따라서 살면서 거듭 감지되는 통증이 있다면 그 이면에 숨은 의미를 발견할 가치가 충분하다. 동시에 이런 증상을 개별적으로 구분하고, 개개인의 인생의 맥락에서 관찰해야 하지만, 이때 그 상태를 스스로 해석하기보다 전문가의 조언을 구하는 것이 무엇보다 중요하다고 생각한다. 이를테면 반복되는 요통, 현기증, 콧물, 복통, 두통, 천식처럼 특정 증상의 이면에 숨은 욕구불만이 무엇일지 살펴보기만 해도 여러분에게 전적으로 유익할 것이다. 이때 도움이 될 만한 유용한 질문은 다음과 같다.

- 나를 괴롭히는 통증에 숨겨진 욕구는 무엇인가? 내게 필요한 것은 무엇인가? 내 인생에서 홀대받고 있는 것은 무엇인가? 그리고 나의 삶이 이런 통증 혹은 증상으로 표현하려는 것은 무엇일까?
- 이런 증상을/통증을 자각했을 때 제 기능을 완전히 상실하거나 제한적으로 되어버린 이 신체 부위의 기능은 무엇인

가? 그 증상을 감지한 신체 부위는 어디인가?

· 내가 더는 하고 싶지 않은 일은 무엇인가? 아니면 지금까
지의 인생 환경에서 더는 이루고 싶지 않은 일이 있는가?
그렇다면 여러분이 지지를 필요로 하는 곳은 어디인가?

이해를 돕기 위해 몇 가지 예시를 들어보겠다. 만약 요통이 있
다면, 아마 여러분의 등을 건강하게 해줄 누군가를 바라는 욕구
가 있을 것이다. 통증 때문에 여러분은 등을 제대로 펴고 곧게
걷는 것이 불가능할 수도 있다. 통증이 전혀 없던 시절 안정감
및 자신감 넘치던 태도의 기능이 축소되고, 타인의 도움이 필요
한 외부 지원이 늘어날 수 있다. 만약 현기증에 시달린다면, 자
기 인생에서 스스로 무엇을 외면하고 있는지 먼저 자문해야 한
다. 숨이 가쁘다면 숨쉬기 벅찬 장소가 어디인지 스스로 물어보
라. 만성 코막힘의 경우 말 그대로 넌더리가 나는 곳이 어디인
지, 여러분이 냄새를 맡지 못하는 대상이 무엇인지, 누구인지 살
펴본다. 나는 당장 여기에서 이 이상의 예시를 소개하지 않으려
한다. 이는 여러분이 자신만을 위한 각자의 답변을 찾아야 하기
때문이다. 앞의 질문에 허심탄회하게 털어놓은 여러분의 대답
처럼 말이다.

존재 욕구

이제 그라운딩을 마무리하면서 나는 일명 존재 욕구를 다뤄보려 한다. 그리고 이와 관련하여 일상에서 활용 가능한 다양한 그라운딩 연습법을 소개할 것이다. 이 연습이 여러분에게 안정감을 선사하며 응원해줄 것이다.

용어 그 자체만 봐도 알 수 있듯이 존재 욕구란 신체적 측면에서 우리의 생존을 안정화한다는 의미이다. 거기에는 마시고, 먹고, 잠자고, 휴식하고, 호흡하고, 자식을 낳고, 움직이고, 건강을 유지하고 돌보는 것이 포함된다.

이런 매우 기초적인 욕구를 해소하는 것이 바로 드라이브와 패닉 시스템이다. 처음에 설명했던 것처럼 비상 상황이 발생하면 뇌줄기와 드라이브 및 패닉 시스템은 생존을 확보하기 위해 가능한 역량을 전부 발휘한다. 하지만 근본적으로 우리의 생존은 그저 생존모드를 확보하는 것으로 끝나지 않는다. 잠시 모든 일을 멈추고 지금 우리의 기본 욕구가 제대로 충족되고 있는지 거듭 확인하는 신피질과 케어 시스템이 필요하다.

상담을 할 때마다 나는 내담자에게서 기초 욕구 측면의 결핍 혹은 불균형을 경험했다. 이는 내담자가 나를 찾아온 목적이 무엇이었는지와는 상관없이 동일했다. 나의 경험에 따르면 심리적 압박은 항상 실존적 생리학 측면이 동반됐다. 때로는 수면장애와 소화, 성욕, 통증 혹은 근골격계의 긴장 등의 문제가 생기기도 했다. 또한 직장이나 가정을 잃을까 두려운 마음에 몹시 불안해하거나 타인이 내게 신체적 혹은 정신적 위협을 하고 있다는 기분에 휩싸인다.

종종 본인의 존재 욕구에 대한 만족도가 매우 부족하다는 것을 전혀 인식하지 못하는 내담자들이 방문하곤 했다. 예컨대 그들은 자신이 삶의 의미를 찾지 못하는 이유, 항상 대인관계가 원만하지 못한 이유, 혹은 한없이 낮은 자존감의 이유를 알고 싶어했다. 나는 그런 내담자들에게 수면, 음주, 식습관에 대해 질문하거나 일상에서 운동과 휴식을 얼마나 잘 챙기는지 질문했다. 하지만 그들은 그런 내 질문을 몹시 진부하게 생각했다. 그런 질문이 올바른 배우자 또는 직장에서의 성취감 결여 문제와 도대체 무슨 관련이 있느냐며 의심의 눈초리로 나를 보곤 했다. 물론 내가 물어본 질문은 그들이 알고 싶어 하던 답변과 매우 밀접한 관계가 있다. 존재 욕구에 해당하는 자신을 제대로 돌보는 법조차 깨닫지 못한다면 그보다 '상위' 단계인 대인관계 또는 자아실현도 마찬가지다.

간단히 설명하자면, 우리는 어린 아기를 보며 (바라건대) 처음부터 최대한 빨리 인생의 동반자를 찾으라든가, 혹은 훗날 직업적인 측면에서 성공을 거두기를 바라며 아기가 진학해야 할 대학 학과를 고르는 일에 몰입하지 않는다. 그 대신 아기가 안전한 환경에서 양질의 음식과 수분을 섭취하며 좋은 공기를 마시고, 잘 자고 따뜻한 애정을 받으며 아픈데 없이 무럭무럭 자라도록 신경을 쓴다. 그리고 특정 부분에서 아기에게 결핍이 느껴진다면 그 즉시 발 빠르게 조치를 취한다.

어느새 성인이 된 우리는 모든 일을 스스로 하는 법을 익혔다. 내 경험만 봐도 그렇다. 혼란스러운 일상에 우리는 유독 내면의 욕구를 파악하는 법을 제대로 배우지 못했고, 그런 욕구가 생겨도 미루는 데만 급급했다. 예컨대 배고픔이나 목마름과 같은 욕구를 무시했고, 늘 자신에게 무관심한 태도를 보였다. 뼈에 전혀 영양이 없는 값싼 제품에 의존하거나 존재 욕구를 충족시키는 것과 정반대되는 일만 골라 한다. 한밤중까지 미디어를 남용하며 수면의 질을 떨어뜨렸다. 게다가 평소 신체활동도 거의 하지 않는다. 날씨가 좋은 한낮에 신선한 공기를 쐬는 일도, 휴식을 취하는 일도 소홀히 했다. 대체로 이런 측면을 제대로 돌보지 않는 사람은 타인 또한 잘 챙기지 못하는 경향이 두드러졌다. 그 대상이 배우자이든, 가족이든, 기업이든 마찬가지였다. 무엇보다 그렇다고 나는 확신한다. 그리고 마침내 우리 신체와 정신이 '아, 긴장을 풀어. 여기에 있는 사람들에게까지 생존을 안정화하는 것들만 계속 상기시킬 필요는 없어'라는 신호를 먼저 감지한 후에야 비로소 인생에서 느끼는 성취감 같은 감정들을 챙길 수 있다. 그런 만큼 일상에서 아래와 같은 질문을 여러분 자신에게 정기적으로 해보기를 바란다.

- 1에서 10까지의 점수를 매긴다면, 현재 나의 존재 욕구는 얼마나 충족되었는가?
- 존재 욕구의 성취를 제지하는 행동이 있다면 무엇인가?

화면으로 본인의 기본 욕구 상태를 더 잘 확인하려면, 시간마다 스마트폰에 알림을 설정하기를 추천한다. 이를테면 '오늘 수분 섭취는 충분하였는가?', '이번 주에 충분한 휴식을 취하려고 노력했는가?', '이번 주에 건강한 음식을 섭취하려면, 시장 볼 때 무엇을 사야 할까?' 물론 이런 내용을 '수분 섭취', '건강한 식사', '휴식', '운동', '신선한 공기 쐬기' 또는 유사 단어를 선택하여 간결하게 기록할 수 있다.

호흡에 집중하며 자신에게 의식적인 접촉을 시도하라

나는 주로 몇 가지 연습을 계속 반복하는 방식을 선호한다. 이런 훈련이 여러분과 여러분의 접촉된-나를 연결하는 데 매우 중요하다고 생각하기 때문이다. 그중 한 가지가 바로 호흡에 집중하며 여러분의 의식을 정기적으로 연결하는 연습이다. 호흡은 여러분을 항상 지금, 여기로 이끈다. 또한 여러분을 여러분 자신과 하나로 연결함으로써 자신에게 안착시키는 몹시 값진 도구이기도 하다. 그중에서도 가장 좋은 점은 호흡과 접촉하는 이 행위를 지금, 여기, 항상 그리고 언제라도 시행할 수 있다는 것이다. 아무도 방해하지 않는 장소에서 나 홀로 있든, 사람들이 가득 찬 프레젠테이션 장소에 있든 호흡에 집중하는 것 자체만으로 여러분에게 도움이 된다.

지금 당장 시도해보자! 이 글을 읽으면서 앉아 있거나 누워 있는 그 상태로 자신을 의식하며, 잠시 여러분의 호흡에 집중해보라. 가만히 들숨과 날숨을 느껴본다. 만약 신체적 긴장감으로 지금 호흡이 고르지 않다는 사실을 알아차렸다면, 자세를 바꾸면서 편안하고 자유롭게 호흡할 수 있는 자세를 찾는다.

신체를 돌보고 강화하라

매일 스스로 나의 일과를 관찰하다가 깨달은 바가 있다. 우리 모두 인생의 대부분을 그저 머리로만 생활하려 한다. 그리고 그 것이 우리 사회의 가장 근본적인 문제이기도 하다. 그렇게 우리 는 온종일 고민하고, 계획하고, 분석하고, 반영하고, 검토하고, 평가하고, 설명하고, 사고한다. 매일 무언가를 체험하고, 행동하 고, 느끼고, 알아차리는 것을 전부 통합하는 경우는 몹시 드물 다. 신체와의 접촉이 개선되면 그것을 통해 훨씬 값진 정보를 얻 을 수 있다. 하지만 그러려면 우리는 무엇을 해야 할까? 우선, 신 체와의 접촉 또한 친한 친구와 연락하는 문제와 크게 다르지 않 다. 오랫동안 연락 한 번 하지 않고 친구가 무얼 하며 사는지 간 간이 소식을 들어 아는 상황이라고 가정해보자. 그러다 어느 순 간 그 친구가 여러분에게 몹시 중요하다는 것을 깨달았다. 이제 여러분은 어떻게 할 것인가? 그렇다. 다시 전화를 걸어 약속을 잡아야 한다. 평소 어떻게 지내는지 물으며 관심을 보이고 서로 정보를 교환한다. 그리고 여러분이 아무리 스트레스가 넘치는 일상이 오더라도 상대와의 접촉을 끊지 않을 거라는 인상을 남 겨야 한다.

여러분의 신체도 마찬가지다. 신체에 큰 문제가 발생하고, 도 움이 필요한 상황이라는 것을 깨달았다면, 단순한 일회성 접촉만으로는 부족하다. 그럴 때는 여러분의 일상을 지원할 수 있을 정도의 정기적 접촉이 필요하다.

여러분의 신체를 의식적으로 돌보고, 수련함으로써 내면의 그라운딩을 개선할 수 있다. 근력 운동은 물론이고 요가나 여러분이 하고 싶은 다른 운동이어도 좋다. 만약 그라운딩과 안정감을 촉진하려면 유연성보다는 힘을 기를 수 있는 수련법을 찾아본다.

항상 일상에서 불안정한 기분이 반복되고 모든 에너지가 온통 머리에만 쓰이는 기분이 든다면, 상체에 멈춰있는 에너지를 아래로 순환시킨다. 이를테면 조깅을 하거나 자전거 타기, 다리 및 발 마사지, 족욕 등으로 하체 및 바닥과의 접촉을 활성화하고 단련한다.

주변에서 여러분의 그라운딩을 자극할 만한 것은 전부 활용한다. 뿌리채소를 먹고, 숲속으로 산책을 하고, 정원 일을 하거나 자연으로 나가 땅바닥에 털썩 주저앉아본다.

일상에서 안정감을 선사할 루틴을 정하라

반복되는 루틴은 안정감을 주며 무언가에 접촉하는 힘이 있다. 아침마다 커피를 마시며 하루를 시작하기, 각자의 일상을 시작하기 전 함께 아침을 먹으며 가족 간의 유대감을 쌓기, 사무실에서 일과를 시작 전에 하는 의식, 매주 목요일마다 가는 운동

강습, 크리스마스 시즌에 부활절 달걀을 나눠주는 행사 외에 종교 및 영적 의례 등이 이런 루틴에 포함된다. 나날이 복잡하고 빨라지는 세상에서 우리는 루틴을 통해 안정감, 방향성, 연결성을 확보한다. 목표한 바를 향해 달려가다가 문득 불안하고 세상과 단절된 감정에 빠져 헤맬 때 루틴의 힘을 활용할 수 있다. 그러므로 여러분에게 유익하고 자신에게 연결해주는 주간 루틴을 마련해보자.

점심시간 전 짧은 호흡 명상, 시간이 정해져 있는 요가 강좌, 함께 하는 주말 베이킹 시간, 저녁에 따뜻한 차 한 잔, 매주 일요일 친한 친구와 전화 통화로 나누는 수다 타임 등 무엇이어도 좋다. 여러분에게 맞는 시간대와 활동을 골라보자. 루틴은 여러분의 든든한 조력자가 되어준다. 그리고 그 루틴을 혼자 하고 싶은지 아니면 누군가와 함께하고 싶은지도 결정해야 한다. 루틴은 항상 간단하게 그리고 같은 장소와 최대한 같은 시간대로 유지한다.

* * *

이로써 여러분은 지금까지의 연습과 조언을 통해 자신에게 그라운딩하는 법, 자신의 케어 시스템에 접촉하는 법에 대한 정보를 충분히 얻었다.

　이번 그라운딩 단계에서 소개한 연습, 질문 및 조언을 일정 기간 반복 훈련하면 안정감과 자신과의 연결성을 개선하고 그 깨달음을 여러분 자신에게 흡수할 수 있다. 그리고 다시 한 번 강조하고 싶은 당부가 있다. 처음부터 과도한 열정으로 연습을 위한 훈련으로 몰아붙이며 이 과정이 너무 힘든 프로그램이 되지 않도록 유념해야 한다. 각 단계를 완수할 때마다 잠시 휴식 시간을 갖는다면 생각보다 더 많은 것을 얻을 수 있다. 따라서 다음 단계인 디톡싱DETOXING으로 넘어가기 전에 천천히 시간을 갖고 다시 그라운딩 연습을 해보기를 적극 추천한다. 정신없는 일상으로 복귀한 후 매번 깜박 잊어버리는 실수를 피하고 싶다면 다시 시도해보고 싶은 시간대를 정하고 미리 캘린더에 표시해놓는 것이 좋다.

핵심 질문

더는 누구도 될 필요가 없다면, 나는 누구인가?

올해 42세인 율리아는 촉망받는 젊은 기업인이다. 커리어적인 측면에서는 큰 성공을 거뒀지만, 그녀는 여성으로서 유독 자신감이 없어지고 가벼운 비판에도 쉽게 자신에 대한 회의감에 빠지는 원인을 알고 싶어 했다. 처음에는 율리아에게 큰 관심을 보이며 다가왔던 남성들이 어느 순간부터 그녀에게 순종적인 모습만을 원했고, 여성인 그녀를 어떻게든 깎아내리려 했다. 어느새 남자들이 연인이 된 자신을 그리 귀히 여기지 않는다고 확신한 율리아는 퍼포먼스-나에 빠져버렸다. 그래도 일에서만큼은 인정을 받겠다는 일념으로 사업에만 몰두했다. 그것으로 자신의 연애에서 결여된 자신감을 보상하려 했던 것이다.

율리아는 달리 말할 것도 없이 퍼포먼스-덫에 깊이 빠진 상태였다. 겉으로 보이는 율리아의 첫인상은 강인한 성격의 소유자였지만, 속으로는 자신에 대해서 또는 연인관계에서 자신이 무엇을 바라는지조차 모르고 갈팡질팡하고 있었던 것이다. 그녀의 연애 관계는 지속적으로 상대에게서 무언가를 확인하려는 감정으로 인해 상대가 그녀에게 또는 그녀가 상대에게 해줄 수 있는 것이 무언지에 따라 결정되었다. 다시 말해 연기와 성과에 기울어져 있는 율리아는 항상 완벽한 퍼포먼스를 유지하기를 기대하는 상대만을 연인으로 찾았던 것이다. 따라서 율리아의 연인 역시 접촉된-나가 부족한 남성들이었다. 이러한 성향을 지닌 남성은 본인이 약점이라고 치부하는 면과 접촉하는 순간 (그것이 자신에게서든 혹은 율리아에게서든) 둘 사이의 관계를 율리아가 본인의 인격을 깎아내리게 만드는 형태로 전개시켰다. 무엇보다 율리아 자신이 이런 관계의 부조화를 견디지 못했기 때문이었다. 그렇게 율리아는 자신의 연인 또한 그런 식으로 자신을 생각할 거라고 믿기 시작했다. 그리고 단순히 연인의 감정을 위해서, 더는 자신을 깔보지 않기를 바라는 마음에서 율리아는 자신이 할 수 있는 것보다 무리하며 상대의 욕구를 충족시키려

애를 썼다.

그런 율리아에게 그라운딩 과정은 매우 중요한 단계였다. 그렇게 율리아는 태어나 처음으로 자신이 누구인지, 무엇이 필요한지 성찰하는 시간을 가졌다. 그런 뒤 이어진 디톡싱 과정은 율리아의 인생에 전혀 유익하지 않은 것들을 내려놓도록 그녀를 응원했다. 마침내 율리아는 자신을 접촉된-나에 무사히 연결했다. 그리고 이제는 사업에만 매달리지 않고 사생활에서도 본인의 잠재력을 발휘할 수 있게 됐다. 똑똑하고, 터프하고, 신속하고, 창조적인 율리아는 이제 자신에게서 다른 여러 면모를 이끌어냈다. 그건 바로 사랑스럽고, 도발적이고, 유쾌하고, 열정적이고, 관능적이고, 차분한 모습이었다.

오래되고 방해만 되는 사고 및 행동양식이 다시 스며들지 않게 하려면 무엇을 어떻게 해야 할까?

지난 단계에서 나는 게슈탈트 치료사들은 욕구를 변화를 원하는 개개인의 소망으로 간주한다고 설명했다. 하지만 때로는 변화란 전혀 쉽지 않다. 그라운딩 훈련을 마쳤다면 어쩌면 자기 자신과 본인의 욕구에 접촉할 수 있을 것이다. 그리고 이제는 긍정적인 변화 혹은 개인적인 성장을 제대로 활성화하고 여러분의 인생에 제동을 거는 모든 것으로부터 해방하는 데 필요한 도구 혹은 방안을 찾고 있을 것이다. 그리고 아마도 이런 변화가 일시적인 것이 아니라 인생에서 지속적으로 개선되기를 소망하고 있을 것이다. 그렇다면 이런 변화를 위해 무엇을 어떻게 해야 할까?

변화는 필연적으로 일어난다

게슈탈트 치료사, 아놀드 베이서는 "변화란 자신이 아닌 다른 누군가가 되려고 노력할 때가 아니라, 자기 자신이 될 때 일어난다."고 조언했다. 이 말에는 게슈탈트 심리 치료의 변화이론이 전부 담겨 있다. '변화는 일어난다' 이 말만 보더라도 여기에 담긴 핵심 메시지는 명확하다. 그리고 이것은 게슈탈트 치료사들이 생각하는 지속 가능한 변화가 무엇인지 설명해준다. 즉 변화란 '일어날' 일인 것이지 강요나 타인에 의해 만들어지는 것이 아니다. 게슈탈트 치료사의 소견으로는 노력, 긴장, 이해, 자각 혹은 연습 없이는 진정한 변화에 이를 수 없다.

베이서는 이를 '누군가 자기 자신이 될 때 비로소 변화가 일어난다.'라고 했다. 그리고 '누구도 될 필요가 없다면 나는 누구인가?', '남들이 나를 규정하는 말에 더는 귀를 기울이지 않는다면,

나는 누구인가?'라는 질문으로 변화가 시작된다고 생각한다.

자신에게 맞는지 검증도 없이 무작정 타인의 말이나 조언에서 나를 위한 변화를 찾는다면, 지금까지 여러분을 퍼포먼스-덫으로 빠트린 길을 또다시 걷는 것이나 다름없다. 예전에 여러분의 퍼포먼스-나는 "계속 그런 식으로 할 수는 없어. 이제는 바뀌어야 할 때야. 그러니까 이것도 하고, 저것도 좀 해보라고!" 속삭이며 여러분을 부추겼을 것이다. 그리고 이제 여러분은 그 방법을 치료사, 코치 혹은 책의 저자가 자신보다 더 잘 알고 있다고 은연 중에 생각하는 것이다.

물론 퍼포먼스-나를 통해서 단기적 변화를 달성할 수 있다. 일정 기간 큰 노력을 기울이며 정기적인 호흡 명상이 일상의 습관으로 자리 잡는다면, 당연히 어떠한 결과든 결과물이 나올 것이다. 하지만 그것도 전부 여러분이 스스로 변화를 원했기 때문이다. 또는 자신의 변화를 원하는 여러분이 신체에서 보내는 신호를 즉각적으로 수용한 결과일 수도 있다. 어쨌거나 이런 노력은 전부 변화를 위한 유용한 도구로써 여러분의 삶을 풍요롭게 만든다. 더욱이 무엇이라도 자신을 위해 적극적인 자세로 노력하는 태도 또한 훌륭하다. 하지만 여기서 나는 확언할 수 있다. 오롯이 퍼포먼스-나를 통해 변화를 꾀한다면, 또 얼마 지나지 않아 관계의 결속이나 스트레스 및 불만에서 벗어나는 과정을 조언하는 또 다른 책이 여러분의 장바구니에 담길 것이다.

이제 우리는 3단계로 이뤄진 '몸과 마음의 디톡스 프로그램'을 살펴볼 것이다. 하지만 나는 그 과정에서 무엇보다 이 도구를, 그리고 이 책에 수록된 다른 프로그램을 활용하는 여러분의 태도가 가장 중요하다고 거듭 강조하고 싶다.

이때 퍼포먼스-나의 입장은 "내가 잘못하고 있는 거야. 그래서 나를 바꾸기 위해 이 도구를 사용하는 거야."일 것이다. 반면 접촉된-나의 입장은 이렇다.

"지금 난 잘하고 있어. 하지만 나를 좀 더 제대로 알고 내게 맞지 않는 것들을 내려놓으려고 이 도구를 활용하는 거지. 내게 맞는 모습을 찾아가면서 점점 자연스러운 방식으로 생기는 변화가 몹시 즐거워."

몸과 마음의 디톡스 3단계

그라운딩 연습에서 더 많은 안정감을 이끌어내도록 지원한 요소가 흙이었다면, 이제 내려놓기 과정이라 할 수 있는 디톡싱 연습의 경우는 물의 요소가 그 역할을 한다. 이번 단계에서 이 프로그램을 접하고, 연습을 시행하는 며칠 동안 여러분의 몸에 닿고 채워지는 물에 집중하며, '내려놓음'이라는 말로 여러분의 정신을 지원해주기를 바란다.

즉, 물을 많이 마시고, 일상에서 물과 접촉할 때마다 의식적으로 느껴본다. 수영을 좋아한다면 수영 횟수를 늘려본다. 욕조에서 목욕하거나 샤워를 할 때도 평소보다 몸에 닿는 물을 의식하며 느껴본다. 그리고 여러분의 몸에 필요 없는 것들을 전부 씻어 내려가는 물에 의식을 집중해보자. 물가에서 산책하거나 아름다운 바다 혹은 호수 풍경 그림을 여러분이 자주 오가는 장소에 걸어놓는다. 몸과 마음의 디톡스 프로그램을 시행하는 동안 물과의 접촉을 의식하며 집중한다.

물이 여러분 신체의 내려놓기 과정을 지원하는 동안, 여러분의 정신은 놓아주는 과정에 몰두한다. 가이드가 없는 명상에 익숙해지려면 간단히 '그만하자' 혹은 '내려놓자'라는 말을 주문으로 명상을 시작한다. 그 말을 떠올리고 계속 반복하며 명상을 이어가는 동안 내면에서 일어나는 모든 심상을 관찰한다. 호흡 명상과 결합하여 들숨에 '그만', 날숨에 '하자'를 연상하는 기법도 있다. 이어 '내려놓는다'는 말의 여러 동의어를 호흡 명상과 결합하여 실험해본다. '내려-놓자', '그냥-두자', '끝내-버리자', '없애-버리자', '그만-하자', '풀어-주자', '그만-허락하자' 등이 있다.

명상이 끌리지 않는다면 일상에서 접하는 횟수를 늘려 자극하는 방법도 있다. '내려놓자' 이 말을 메모지에 쓴 후 예컨대 욕실의 칫솔꽂이 옆에 붙여놓으면, 정기적으로 이 메시지를 읽으며 상기할 것이다. 아니면 자신에게 직접적으로 물어보는 방법도 있다.

- 나는 무엇을 조금이라도 느슨하게 내려놓을 수 있는가? 당장 내려놓을 수 있는 것은 무엇인가? 나는 무엇을 버릴 수 있는가?

이런 디톡스 단계에서 특정 신체적 증상을 보이는 사람들이 더러 있다는 사실을 미리 여러분에게 고지하려 한다. 이는 대부분 여러분 체내에 독소가 있으며, 그것이 여러분의 신체 밖으로 빠져나오려 한다는 신호다.

나 역시 이 몸과 마음의 디톡스 프로그램을 정기적으로 시행하고 있다. 그리고 내 경우를 사례로 들자면 간혹 메스꺼움이나 피부 발진이 일어날 때가 있었다. 메스꺼움은 내가 근본적으로 파악하지도 못한 무언가가 나와 제대로 동화하지도 못한 상태에서 내사를 통해 뭔가 변화가 일어나고 있다는 신호다. 피부 트러블은 주로 교체 과정에 나타나는 징후다. 디톡싱 단계에서 우리는 우선적으로 심리적 과정을 다룬다. 우리가 버리고 싶은 마음의 패턴, 습관, 신념 등을 살펴본다. 우리의 정신과 신체는 연결되어 있어 항상 서로에게 신호를 보낸다. 따라서 여러분의 정신에서 '아아, 이제 그건 정말 버리고 싶다!'라는 신호를 보내는 즉시 신체는 그에 반응한다. 때로는 경미한 근육 긴장감의 해소 또는 호흡하기 조금 더 편해지는 정도의 거의 눈에 띄지 않을 정도의 미미한 변화일 수도 있다. 하지만 때로는 신체의 통증과 막힘 증상이 단번에 사라지는 걸 확연히 알아차릴 수 있는 수준으로 나타난다.

여러 내담자가 디톡싱 단계에서 겪은 경험을 내게 들려주었다. 그들은 어느 순간 갑자기 버릴 수 있었다고, 말 그대로 내려놓는 경험을 했다고 했다. 그런 내담자들의 피드백은 나를 몹시 흐뭇하게 했다. 그런 경험 자체가 무언가 새로운 변화가 일어나고 있음을 보여주는 신호이기 때문이다. 그러므로 매우 불안해지는 수준이 아니라면 그러한 증상 혹은 유사 증상이 나타날 때 신체에서 무언가를 버리기 위한 긍정적인 신호로 인식하려고 노력하기를 권장한다. 만약 그런 증상이 감당하기 힘들 정도로 강렬하거나 장시간 지속된다면, 의사와 상담하고 적절한 도움을 받는다.

뛰어난 사업가지만 자존감이 유독 낮았던 율리아를 기억하는가? 율리아와 나는 디톡싱 단계를 시작하면서 신체 훈련을 병행했다. 그녀가 '직장에서의 나'와 '일상에서의 나'를 구분하며 자신의 내면에 안착했었는지, 그녀의 잠재력을 제대로 활용하지 못했던 것은 아닌지 제대로 이해하기 위해서였다. 이 연습은 일과 인생 또는 다른 인생 영역과 자신을 엄격히 분리한 시각에서 자신을 살펴본다. 특히 여러분이 많은 시간과 에너지를 소비하는 영역에서 완전한 자기 자신이 되지 못하고 있는지 알아보고 싶다면 이 연습을 적극 추천한다.

율리아가 일과 사생활을 구분했던 것처럼 나는 여러분이 상대를 보며 여러분의 인생과 유사성이 있는지 살펴보는 과정이 중요하다고 생각한다. 하지만 여러분은 자신이 본인만의 성격을 지닌 유일한 사람이라고 주장할 것이다. 그렇지 않은가? 그런데도 여러분은 남들이 하는 방식대로 행동한다. 일과를 보내면서 여러분은 본인과는 다른 성격을 지닌 타인처럼 행동하는 일도 더러 있을 것이다. 하지만 이런 구분화가 장기간 계속될 경우 누구에게도 유익하지 않다. 그로써 여러분의 체계가 전부 뒤엉켜버린다. 그럴 때마다 여러분의 일부를 억누르기 위해 항상 에너지를 소모해야 하기 때문이다. 이런 방식으로는 절대 여러분의 잠재력은 물론 신체와 정신에 깃든 힘을 전적으로 발휘할 수 없다.

예컨대 상당한 스트레스를 받거나 질병에 걸렸을 때 건강을 유지하고, 자가치유력이 발동하게 하려면, 우선 몸과 마음이 균형을 되찾아야 한다. 그런 상태가 계속 유지된다면, 의사, 치료사, 코치 혹은 그 밖의 다른 전문가의 도움이나 조언은 그리 중요하지 않다. 몸과 마음이 균형을 이루고 계속 변하려고 애쓰지 않으며 자신의 일부를 억누르지 않는 조화로운 삶을 사는 사람은 매우 현명한 방식으로 자가치유력에 직접 접촉한다. 예컨대 휴식 시간이 언제 예정되어 있는지, 신체 활동과 휴식이 언제쯤 필요한지, 언제 어떤 음식이 이로울지, 언제 어떤 사람과 접촉해야 하는지 등 직관적으로 알아차리기 때문이다.

반면 직장에서의 나와 일상에서의 나를 구분하는 데 지나치게 많은 에너지가 허비된다면, 일상에서 여러분이 소유한 자가치유력에 접촉할 때 신체적으로도, 심리적으로도 방해가 된다.

만약 여러분이 고민하는 주제가 일과 삶의 구분이 아니라 엄마와 아내 또는 상사와 아버지 또는 이런 유사한 문제일 경우에도 이 연습이 도움이 될 수 있다. 상황을 여러분에게 맞춰 변형한 뒤 준비한 종이를 채워보자. 상황이 달라져도 역할 구분이 없는 '완전한-나'가 적힌 종이는 항상 동일하게 유지한다.

이 연습을 하려면 우선 15~20분간 방해받지 않을 장소와 펜, 종이 3장이 필요하다. 그리고 공간은 여러분이 위치를 세 번 정도 옮길 수 있을 정도로 커야 한다. 각 종이에 '일', '삶', '나'라고 적은 후 서로 다른 세 장소에 내려놓는다. '일'은 직장에서의 역할을, '삶'은 사생활에서의 역할을, '나'는 역할 구분 없는 '완전한-나'의 역할을 대변한다. 그리고 중간중간 움직임을 잠시 멈추고 생각을 정리한다.

명상: 일/삶/나

우선 '나'의 위치에 선 후 이 연습을 시작한다. 호흡에 집중하며 몇 차례 심호흡을 해본다. 그리고 호흡에서 여러분의 몸으로 의식을 옮긴 후 머리부터 발끝까지 인지해본다.

최근에 마지막으로 완전한 자기 자신 같았던 상황을 떠올려본다. 긴장감이 사라지고, 만족하고, 성취감을 느끼고, 혼자인 것 같지 않고, 지켜보는 사람이 없는 것 같고, 타인이 여러분에게 영향력을 행사하지 않거나 평가하지 않는다고 느꼈던 상황을 떠올려본다. 그때 여러분이 매우 편안하게 느끼는 누군가와 함께 있었을 수도 있다. 단 한 번도 가보지 못한 장소를 떠올려도 좋다. 하지만 중요한 것은 장단점을 포함한 여러분의 모습 그대로 환영받는 모습이 그려져야 한다.

매일 아침 차나 커피를 마실 때, 맛있는 음식을 먹을 때, 자전거를 탈 때, 정원에 핀 꽃에 물을 주거나 꿈꾸는 시선으로 창문 밖을 바라볼 때처럼 평범한 일상의 한 장면일 수도 있다. 하지만 반대로 완전한 자신을 느꼈던 그 상황이 평소에는 하기 힘든, 드문 경험이었을 수도 있다. 높은 산을 올라 갔을 때, 핫하다고 소문난 파티에 갔을 때, 누군가 굉장한 아이디어를 들려주거나 바다에서 수영할 때처럼 말이다. 그 장소가 바닷가이거나 거실의 안락의자일 수도 있다. 매순간 여러분의 모습 그대로 있을 수 있는 장소를 떠올린다. 딱히 아무 역할을 하지 않아도 온전히 여러분 자신일 수 있는 그런 상황이나 장소를 선택한다.

이제 그 장소나 상황에 있는 여러분의 모습을 관찰해보자.

그곳에서 여러분의 속도는 어떤가? 느린 편인가? 아니면 역동적인 편인가? 자신을 평가하려 하지 말고 그냥 떠올려본다. 그리고 여러분 자신이 되는 그 순간이 신체에 미치는 영향을 느껴보자. 발과 다리의 감각은 어떤가? 이어 골반, 배, 등, 팔, 손, 가슴, 목, 머리, 얼굴에 무엇이 느껴지는가? 이제 여러분은 어떻게 움직이고 있는가? 말하는 방식은 어떤가? 주변을 의식하는 태도는 어떠한가?

이곳에서 여러분은 온전한 자신이 된 여러분의 모습 그대로 환영받고 있다. 더 나아가 그곳에 여러분이 있어 그 장소가 특별해진다. 이제 여러분이 있는 그 장소나 상황이 여러분이 그 곳에 있어 절대적으로 가치 있고 풍요로워진다고 연상해보자. 그곳의 상황이 얼마나 평범한지는 전혀 개의치 않아도 된다. 또한 여러분의 있는 모습 그대로가 그 장소를 특별한 곳으로 만들고 있다.

지금 이러한 '완전한-나'를 가장 잘 표현하는 몸동작 혹은 제스처를 떠올려보자. 무언극으로 표현하려는 것처럼 연상해본다. 여러분이 완전한-나 자신이 되고 절대적으로 환영받는 기분을 느낄 때 이런 모습일 거라고 말이다. 필요하다면 그 장소에 앉거나 누워도 괜찮다. 그렇게 여러분의 완전한-나를 묘사하는 가장 좋은 자세나 제스처를 찾아본다.

이제 그 자체로 경험한 여러 가지 관점을 '나' 상자에 정리해 보자.

이제 일 상자로 이동할 차례다. 우선 '나' 종이가 있는 곳에 서거나 앉아서 '완전한-나'의 시각에서 일 상자를 살펴보자. 아마 '일'은 여러분에게 어서 직장으로 출근하거나 일과를 시작하는 모습을 상상해보라고 요구할 것이다. 그런 식으로 '나'의 입장을 떠나 직장에서 생활하는 여러분 자신의 일부, 즉 일 상자에 탑승하라고 요청할 것이다. 하지만 너무 성급히 이동하지 않는다. 미처 발걸음을 떼기도 전에 '나'의 위치에서 '일 상자'로 옮기는 과정을 준비하면 무슨 일이 벌어질지 사소한 단계부터 떠올려보자. 일하러 간다거나 근무 모드로 전환한다고 떠올리자마자 여러분의 신체에는 무슨 변화가 생겼는가? 그 순간 여러분의 몸에 일어난 변화를 자각할 수 있었는가?

만약 지금까지 앉아 있었다면 이제 자리에서 일어나보자. 그리고 '나'에서 멀어진다는 것을 의식하며 '일 상자' 안으로 들어간다. 상자 안으로 들어가거나 그 경계에 다가설 때 어떤 기분이 드는지 떠올려본다. 상자 안에 들어온 여러분은 이제 직장에서의 역할을 맡았다. 근무 환경을 떠올려보자. 여러분은 어떻게 움직이고 있는가? 근무 복장은 어떠한가? 그 옷을 입은 기분은 어떠한가? 직장에서 쓰는 말투나 듣는 태도는 어떠한가? 여러분이 움직이는 속도는 어떠한가? 머리부터 발끝까지 찬찬히 의식하며 느껴본다. 완전한-나일 때와 여러분의 자세에 차이가 있는가? 그렇다면 신체의 어느 부분이 어떤 방식으로 다른가?

이제 자신에게 질문을 던져보자.
'일 상자 안에 있는 난 어떤 사람이 되어야 하는가?'
그리고 이제 그것을 상징하는 자세나 제스처를 찾아본다.

'이것이 바로 나의 근무 모드이고, 일 상자에 있는 내 모습은 이렇다.'

지금까지 떠오른 내용을 일 종이에 기록해보자.

이제 일 상자에서 의식적으로 시선을 돌려 '나'를 바라본다. 일 상자에서 완전한-나를 응시하며 그쪽의 전형적인 자세 또는 특유의 제스처를 눈앞에 그려보자. 그리고 완전한-나를 향해 다음의 세 질문을 던져본다.

- 지금 여기에 전혀 없는 부분은 무엇인가?
- 여기서 내가 쓸데없이 더 힘들게 만드는 방식이 있다면 무엇이라고 생각하는가?
- 지금 '일 상자'에 있는 나에게 하고 싶은 조언이 있다면 무엇인가?

이제 위치를 바꿔본다. 직장에서의 나에서 벗어나는 동안 의식적으로 손을 흔들거나 몸을 쓰다듬는다. 그리고 다시 완전한-나의 위치로 돌아가 완전한-나에서 떠올린 자세나 제스처를 취하며 방금 직장에서의 나가 물은 질문에 대답하자.

・니의 일 상자에 전혀 없는 나의 모습은

・일 상자에서 네가 스스로 불필요하게 힘들게 하는 점은 바
로

・내 입장에서 네게 하고 싶은 조언은

이제 다시 두 번째 상자인 삶 상자로 이동한다.

이 상자로 이동하면서 의식을 가다듬어보라. 완전한-나에서 삶 상자로 전환하는 과정의 기분은 어떠한가?

이 상자에는 직장에서의 일이 아니라 여러분의 개인적인 일상만이 담겨 있다. 직장 모드에 필요한 것은 전부 일 상자에 두고 왔다. 그런 여러분의 심정은 어떠한가? 이곳에서 여러분의 움직임이나 속도는 어떠한가? 주변 환경은 어떠한가? 여러분에게 스스로 질문해보자. '삶 상자의 나는 어떠한 사람이 되어야 하는가?'

이제 여러분의 신체를 샅샅이 살펴본다. 눈에 띄는 신체 변화가 있는가? 마지막으로 여러분의 사생활을 상징하는 자세나 제스처를 생각해보고 그 내용을 삶 종이에 정리해보라.

Chapter 5 자기 완성된 6단계 프로그램

이제 삶 상자에서 의식적으로 시선을 돌려 '나'의 방향을 바라본다. 지금 여러분이 위치한 삶에서 완전한-나를 응시하며 완전한-나의 전형적인 자세나 특유의 제스처를 눈앞에 떠올려보라. 그리고 완전한-나를 향해 다음의 세 질문을 던져본다.

- 지금 삶 상자에 전혀 없는 부분은 무엇인가?
- 여기서 내가 쓸데없이 더 힘들게 만드는 방식이 있다면 무엇이라고 생각하는가?
- 지금 삶 상자에 있는 나에게 하고 싶은 조언이 있다면 무엇인가?

이제 위치를 바꿔본다. 사생활에서의 나에서 벗어나는 동안 의식적으로 손을 흔들거나 몸을 쓰다듬는다. 그리고 다시 완전한-나의 위치로 돌아가 완전한-나에서 떠올린 자세나 제스처를 취하며 방금 사생활에서의 나가 물은 질문에 대답하자.

- 너의 삶 상자에 전혀 없는 나의 모습은 _____
- 삶 상자에서 네가 스스로 불필요하게 힘들게 하는 점은 바로

  _____

- 내 입장에서 네게 하고 싶은 조언은 _____

이제 다시 호흡을 통해 차분하게 마음을 가라앉힌 후 3장의 종이가 있는 공간에서 완전히 나온다.

이로써 훈련이 끝났다. 살짝 몸을 흔들어 훈련하는 동안 취했던 자세를 완전히 털어버린다. 종이를 모은 후 잠시나마 여러분의 깨달음을 반영하고 싶은지, 추가로 다른 사항을 적고 싶지 않은지 또는 잠시 휴식을 취하고 싶은지 차분히 생각해보자. 물을 한 잔 가득 마시고 몸과 마음의 디톡스 2단계로 돌입하기 전 적어도 하루 정도의 휴식 시간을 꼭 갖도록 한다.

2단계 마음을 언박싱하라

우리 내면에 자리잡은 고정관념은 주로 어린 시절에 형성된다. 그리고 그 이후에 인생을 사는 동안 아무 검증도 없이 그대로 우리에게 스며들어 진정한 나 자신으로 향하는 길에 훼방을 놓는다.

무언가를 내사하는 능력, 즉 무언가를 말 그대로 '제대로 되새겨 곰곰이 생각'하지 않고 수용하는 것을 무조건 잘못됐다고 할 수 없다. 그리고 때로는 정해진 목표를 달성하는 데 필수가 되기도 한다. 심리학을 전공하던 시절 시험에 통과하려면 특정 지식과 정보를 나의 것으로 소화해야 했다. 설령 그에 관한 내 생각이 다르고, 그 내용이 내게 적절하지 않은지 여부와는 상관없이 말이다. 그때 내게는 두 가지 선택권이 있었다. 외부에서 기대하는 범위 내의 대답과 시간대를 제시하며 시험을 통과하는 것, 그리고 매사에 더 많은 시간을 할애하여 고민하고 나만의 속도에 맞춰 진지하게 숙고하며 교과서 또는 강사의 의견과는 달라도 나만의 해답을 찾아가며 시험에 통과하지 않는 것. 분명 여러분도 나중에 뱃속이 더부룩해지더라도 당장 눈앞에 보이는 빵 덩어리를 꿀꺽 다 해치우는 결심을 해본 적이 있을 것이다. 순간적으로 대안으로 주어진 선택지가 그보다 적절하지 못하다고 판단했기 때문이었을 것이다.

따라서 때로는 그런 시점이 오면 논쟁보다는 에너지를 소비하지 않는 편이 적절한 방법이 되기도 한다. 예를 들어보겠다. 대낮에 주방을 습격한 무장 강도의 희생양이 되었던 한 여성이 나를 찾아왔었다. 내사 능력이 없었다면, 다시 말해 칼로 무장한 남자가 그녀에게 요구한 것을 가능한 아무 말 없이 수용하고, 집에 있는 귀중품을 강도에게 넘겨주지 않았더라면 그녀는 분명 큰 위험에 처했을 것이다.

그렇지만 꼭 이런 강도 사건 예시처럼 과격할 필요는 없다. 프로젝트나 아이디어를 실행할 때 종종 순응하는 자세 또는 방어적인 태도 중 한 가지를 선택해야 하기도 한다. 만약 모든 관련자가 만장일치하지 않아도 더 큰 목표를 달성하거나 프로젝트를 진행할 가능성이 존재한다면 말이다.

　이 단계에서 우리가 관심을 갖는 주제는 접촉된-나로 접근하는 것을 훼방하는 내사에 관해서다. 이 과정에서 여러분이 무작정 자신의 인생으로 꿀꺽 삼키고 흡수하여 오늘날 잠재력을 발휘하는 데 족쇄가 되어버린 것이 무엇인지 살펴볼 것이다. 더불어 아무 검증 없이 무의식적으로 받아들이거나 정말로 과거에 그랬던 부분이 있었는지 여부를 살펴보려 한다.

　그것은 여러 복합적인 내사로 구성된 긴 사연일 수도 있다. 또한 그렇게 믿는 것 밖에는 달리 방법이 없었다고 스스로 내면화해버렸을 수도 있다. 그 이유는 항상 거듭 새로운 것을 말하는 사연들이 설명하기 때문이다. 여러분 스스로 삶의 세부사항에 주의를 기울이며 거듭 확신한 사실은 어느새 자기충족 예언^{Self-Fulfilling Prophecy}으로 둔갑한다.

당신이라는 이야기

　여러분의 삶이 오늘까지 기록된 책이 있다고 상상해보자. 그 책의 장르는 무엇인가? 연애소설? 조언서? 여행가이드? 자기계발서? 여러분의 이야기는 무슨 내용인가? 사람들이 그 책을 구입하다고 가정했을 때 그 책에서 찾으려는 주제와 정보 혹은 즐거움은 무엇인가? 성공하고 부자가 되는 법이 책의 주제인가?

대인관계 문제? 질병? 육아? 인생의 의미 찾기? 요리 레시피? 행복 찾기?

- 내 책은 _____ 섹션에 있고, _____ 를 되짚어본다.
- 내 책의 제목을 즉흥적으로 떠올려보면 _____ .

이제 여러분의 이야기에 어울리는 소제목을 떠올리자.

만약 그 책이 '자기계발' 섹션에 속하는 책이고 꿈의 직업을 찾는 방법이 담긴 내용이라면, 어쩌면 소제목은 이런 식이 될 수도 있을 것이다. '내면의 목소리를 따라 꿈의 직업을 찾는 법' 또는 '평생 꿈의 직업을 좇던 당신은 어떤 식으로 최고의 기회를 놓쳤을까?' 또는 '꿈의 직업을 찾으려다 점점 번아웃에 빠지는 법'. 그 밖에 이런 버전도 가능할 것이다. '꿈의 직업을 찾기는커녕 어쩌다 매사에 불평불만인 상황에 처했는가' 이때 다소 과장해도 좋다. 단번에 입가에 떠오를 제목을 찾아보라. 어쨌거나 핵심은 지금까지 여러분이 살아온 인생을 반영하는 내용이어야 한다는 것이다.

- 제목은 _____
- 소제목은 _____

이제 여러분의 인생 이야기에 붙인 제목과 소제목이 여러분 마음에 쏙 드는지 확인해본다.

> • 여러분 내면의 반응은 긍정적인가? 아니면 부정적인가?
> 제목이 눈에 들어오는 순간 떠오르는 인상은 무엇인가?

만약 여러분의 사연에 붙인 소제목이 부정적인 방향이라면, 지금까지 여러분이 살아온 인생 경험을 토대로 긍정적인 방향이 될 제목을 다시 고민해보기를 권한다.

예시를 들어보겠다. 만약 연애소설 섹션에 꽂혀 있을 책의 소제목이 '어떻게 해도 다정한 배우자를 절대 만나지 못하는 법'이었다면, 아마 지금까지 있었던 최악의 연애경험을 통해 얻은 깨달음을 떠올리며 고민했을 것이다. 하지만 그 이야기를 읽을 독자들이 정말로 관심을 가질 만한 내용은 무엇일까? 그 책을 특별하고 읽을 만한 책으로 만들 내용은 무엇인가? 과거에 연인을 찾는 데 운이 따르지 않아 치열하게 자신과 싸우던 그때로 돌아가는 것이 핵심인가? 아니면 불행했던 관계에서 개개인의 경계가 어디까지이고, 가치가 무엇인지 깨달았는가? 만약 그랬다면 다시 손봐야 할 소제목을 이를테면 '불행한 연인관계에서 벗어난 후, 진정한 자신과 자신의 경계 및 가치를 증명하기'로 짓는 것이 어떨까?

이제 여러분의 차례다. 여러분의 인생 이야기에 곧바로 적용해보자. 그리고 여러분 자신과 남들이 읽고 고민해볼 만한 의미 있는 제목과 소제목을 찾아본다. 이런 노력으로 비로소 여러분의 이야기는 제목만 들어도 읽을 가치가 충분한 책이 된다!

달라진 제목을 본 소감은 어떠한가? 방금 전 느꼈던 감정과 차이가 있는가?

여러분도 분명 상상할 수 있으리라 생각한다. 날마다 우리 스스로 자기 이야기를 긍정적 또는 부정적으로 평가하는지 여부에 따라 생기는 차이는 매우 크다. 그리고 이런 태도는 대개 무의식적인 행동이다. 그 중심이야기의 내용은 우리 일상의 소소한 행동들을 형성하는 기본 톤이 된다. 만약 음악으로 친다면, 곡의 후렴이나 메인 테마라고 할 수 있다. 장조인 음은 단조의 음계와 완전히 다르기에 아예 다른 감정을 유발한다. 여러분의 이야기 또한 그러하다.

인생의 어느 지점에서 여러분은 스스로 정한 그 이야기를 신뢰하기로 결정했다. 그리고 제대로 검증하지 않은 내사를 먹이로 주어 스스로 '입증'하며 키워나갔다. 그것이 여러분의 책에 담긴 각 단원인 것이다.

이때 '~해야 한다', '~하는 것이 좋다', '~허용 한다' 등의 용어를 통해 내사의 존재를 파악할 수 있다. 이를테면 1장-나는 완벽해야 한다, 2장-휴식을 취할 수 없다, 3장-친절한 남편, 성공한 사업가, 다정한 아버지가 되기로 이어질 수 있다. 혹은 '난 항상 나쁜 남자에게 빠진다'라거나 '살면서 행운이 따른 적은 결단코 없었지. 그리고 앞으로도 계속 그럴 거야' 혹은 '아무도 날 이해하지 못해. 그런 날은 절대 오지 않을 거야!'처럼 단 하나의 선택권만 허용한다. 그리고 배타적인 관점을 제안하는 어조를 통해서도 확인 가능하다.

또 다른 내사의 지표로 종종 '사람'이란 말 뒤에 숨어버리려는 목적으로 내뱉는 꺼림직한 표현이 있다. 그렇게 흔히 말하는 그 '사람'이 정말 누구인지 또는 무엇인지 자신에게 솔직히 물어본 적이 있는가? 그 사람은 남자인가? 여자인가? 아니면 사물? 이웃? 지인? 아니면 아예 전지전능한 신일까? '사람이라면 그런 건 잘 안 해'. '사람이라면 규칙을 지키지', '사람이라면 그렇게 두는 건 불가능하다고!' '나'를 말하는 1인칭 시점으로 명확히 말하는 대신 '사람'이란 말을 남발하고, 이런 식으로 불특정 다수에 대한 의견을 내놓는 자신의 모습을 알아차렸다거나, 일상에서 위에서 언급한 표현을 대화에서 자주 사용한다면 한 번 그 진면목을 되짚어 볼 만한 가치가 있다. 여러분이 '사람'이라고 말

Chapter 5 자기 회복력 6단계 프로그램

할 때 솔직히 말하고 싶은 대상이 나인 것인가? '항상'이라고 말할 때는 정말 항상을 뜻하는가? 한 번 꼭 해야 한다고 생각하면 정말 해야만 하는 것인가? 아니면 그것을 원하는지 혹은 원하지 않는지 능동적으로 결정할 수 있는 것인가?

게슈탈트 심리 치료의 관점에서 바라보는 내사란 인생에서 무슨 일이 생긴 특정 시점에 두려움이나 그저 달리 더 나은 답을 알지 못하기에 막연히 '그렇다'고 대답하며 강제로 수용해버린 것을 의미한다. 하지만 그것은 진정한 우리의 일부가 절대 아니다. 종종 특정 생각이나 믿음이 마치 우리 자신인 것 마냥 우리를 움직인다. 그러면 우리는 아무 거부감 없이 그런 내사를 따라 행동한다. 우리의 내면에 내사를 겹겹이 쌓을수록 진정한 자신의 모습, 관심사, 자신을 움직이는 심오한 동기, 진정한 사고와 행동이 무엇인지 감잡을 수 없게 된다. 또한 정말 내게 관심이 있는 사람이 누구인지, 즐겁다라는 것이 무엇인지, 공감이 가득한 진짜 삶을 살려면 어떻게 해야 할지 그 방법을 제대로 찾기가 힘들어진다. 여러분이 타고난 생기마저 더는 흐르지 않고 어느 한 지점에서 막혀버리고, 그 사이에 우리 머릿속에 생성된 여러 정신 상자에 갇혀버린다. 그리고 결국 이런 정신 상자는 우리가 생각하고, 행동하고, 인지하는 방식을 규정한다. 그래서 나는 상자 밖outside the boxes에서 생각하는데서 그치지 말고, 상황에 따라 아예 상자를 치워버려야 한다고 생각한다. 더 나아가 애초에 머릿속에서 이러한 상자가 형성되는 것을 방지하는 것이 가장 중요하다고 생각한다. 그러려면 어떻게 해야 할까? 이와 관련하여 나의 내담자 율리아에게 시행했던 연습을 소개하겠다.

내 안의 정신 상자 찾기
지금 여러분 머릿속에 있는 정신 상자에 대해 적어보자.

- 여러분이 살면서 계속 되뇌이는 내사가 있다면 무엇인가?(여러분이 보다 상세히 반영하고 싶은 영역을 찾아본다. 예컨대 일, 부부관계, 건강, 가족, 재정 문제 등)

율리아의 경우는 '연인 관계' 영역에 있는 정신 상자에 대해 '연인으로서 나는 무능해'라고 말했다.

"어떤 남자가 나같은 여자를 곁에 두려 하겠어. 나는 이렇게나 까다롭고, 복잡하고, 결핍 투성인데. 이런 내 약점을 드러내지 않아야지만 남자들이 나를 사랑하겠지. 그러니까 진심으로 바라는 욕구를 밖으로 표현하는 건 절대 금지야. 그러면 난 버림받을 테니까."

→

이제 여러분 머릿속에 둥지를 튼 내사를 되뇌여보자. 그리고 머릿속에 떠오르는 각각의 말에 집중하고 의식적으로 몇 분간 되뇌이며 생각해본다. 그 문장 또는 단어를 거듭 반복해서 말하는 동안 떠오르는 감정, 생각, 기억이 있다면, 다음과 같이 질문하자.

- 그 말을 하게 된 계기는 무엇인가?
- 여러분에게 이런 말이나 비슷한 말을 한 사람은 누구인가?
- 당시 그 말을 들은 순간 여러분에게 어떤 식으로 다가왔는가?
- 그때 느낀 감정은 무엇이었는가?
- 그 말을 제대로 '씹지도 않고' 그대로 삼켜버린 여러분은 무엇으로부터 자신을 보호하려는 것이었는가?
- 그 말이 여러분 자신보다 먼저 여러분에게 그 말을 했던 상대와 관련이 있는가?
- 이제 그 말을 더는 믿고 싶지 않다면, 무엇을 내려놓아야 할까?

율리아는 '연인으로서 나는 무능하다'라는 말과 관련하여 이
렇게 말했다.

"그 말은 사실 아버지가 하시던 말이에요. 평소 아버지는 나 같
은 여자는 절대 남자를 찾지 못할 거라 말씀하셨죠. 자신만의 의
지가 너무 확고하고, 남자들을 잘 챙기지 못하는데다 지나치게
일 욕심만 많다면서요. 그 말을 들었을 때, 아버지가 날 있는 모
습 그대로 사랑하지 않는다는 기분이 들어 유난히 서글펐어요.
하지만 그 말을 믿었던 건 내가 그만큼 아버지를 신뢰했었기 때
문이에요. 내 우상이었던 아버지가 하신 말씀이니 옳을 수밖에
요. 어쩌면 그 말은 아버지 본인에 대한 말이었을지도 몰라요. 평
소 일을 몹시 중요하게 생각하는 어머니는 매우 강한 여자이셨
죠. 그런 어머니 곁에서 아버지는 많이 빛나지 못했거든요. 어머
니에게는 남편을 내조하는 일이 풀기 힘든 인생의 숙제였죠. 아
버지는 나처럼 커다란 욕구와 소망을 지닌 여인 곁에서 아마 하
염없이 작아지셨을 테고, 과도한 상대의 요구에 신물이 난다고

느끼셨을 거예요. 아무튼 이제 그런 말에 더는 휘둘리지 않으려면, 지금까지 아빠를 위해 마련해두었던 강단에서 내려오시게 해야겠죠. 아빠의 말이 항상 진리라는 생각도 버리고요. 그래요, 이제는 내 의지로 그런 말을 신뢰하지 않기로 결정하고 싶어요. 왜냐하면 내가 한 말도, 내 생각도 아니니까요. 나는 내 모습 이대로 소중하다고 믿어요. 그래서 내 머릿속 정신 상자를 묶어놓은 소형 폭죽에 불을 붙이고 터트려 버리는 상상을 하곤 합니다."

→

3단계 어떠한 상자도 없는 비전

나는 몸과 마음의 디톡스 3단계에 진입한 율리아에게 1단계와 2단계에서 얻은 알아차림을 통합하는 데 도움이 될 명상 기법을 알려줬다. 과거에 형성한 정신 상자 안에서 하는 생각, 행동을 줄이고 앞으로 연결된-나의 잠재력을 최대한 발휘하도록 돕는 것이 이 명상의 목적이었다.

3단계에서는 시각화 훈련이 필수다. 아침에 잠에서 깨어나자

마자 이 훈련을 하는 것이 가장 좋다. 뇌에 시각화가 가장 효과적으로 각인되는 시점이기 때문이다. 그 이유는 무엇일까? 대다수가 그렇듯 아마 여러분도 잠에서 깨어나고 시간이 어느 정도 흐른 후에야 온전한 사고를 시작할 것이다. 하지만 그런 상황에서 '자, 이제 사고를 시작할 때로군'이라고 자신의 의식을 주도한 경우는 드물 것이다. 그런만큼 사고 과정은 매우 자율적으로 흘러간다. 동시에 이런저런 생각 혹은 걱정이 여러분의 머릿속을 스쳐 지나갈 것이다. 오늘은 무엇이 일어날지, 오늘 있을 일들을 어떻게 해내야 할지 등 여러분은 직장, 아이들, 음식, 프로젝트, 문제, 시간, 동료에 대해 생각하기 시작한다. 그 밖에도 무슨 옷을 입을까 고민하는 것처럼 그날 아침에 처리해야 하는 모든 일에 대한 생각에 잠긴다.

이때 자율적이면서 거의 무의식적으로 떠오르는 생각은 주로 과거의 경험을 토대로 흘러간다는 점을 자각할 필요가 있다. 이런 식의 사고는 지금까지의 경험과 과거에 있었던 모든 일, 그리고 그런 식으로 머릿속에 저장된 '옛' 정보를 기반으로 한다. 그런 만큼 이렇게 갑자기 아침에 불쑥 떠오른 생각으로 알아차린 감정 또한 과거의 경험에서 비롯된 것이다. 어제, 일주일 전 또는 몇 년 전 여러분의 정신에 각인된 감정이 화학적 프로세스를 통해 활성화되고, 당시에 느꼈던 기분이 재현된다. 이렇듯 과거의 경험을 기반으로 자율적이고 때로는 무의식적으로 떠오르는 생각과 느낌은 매일 아침 동일한 뇌회로와 화학적 프로세스를 활성화시킨다. 그러므로 어제 그리고 과거에 그랬던 자신의 성향을 인정한 것은 바로 여러분 자신이다. 여러분은 내용물을 일일이 외울 정도로 너무도 잘 아는 상자 안에 갇힌 채 생각하고, 느끼고 그리고 행동한다. 태양이 뜨고 새로운 하루가 시작됐어도 여전히 과거에 갇혀 있는 여러분 스스로가 미리 예측가능한 본인의 모습을 그대로 인정한다.

이런 상태에서 내 안에 새로움을 불어넣고, 옛 방식, 상자, 내사, 장애물 또는 뭐라고 부르든 여러분의 발목을 잡는 그것을 내려놓으려면 이제 어떻게 해야 할까?

우선 여러분이 자율적으로 실행되는 고리타분한 옛 사고방식에 언제 동참하는지 의식적으로 깨달아야 한다. 그리고 지금까지 생각도 해보지 못한 새로운 생각을 여러분의 뇌에 불어넣기 시작해야 한다. 그럴 때 지금까지 겪어보지 못한 낯선 상황을 시각화하는 것이 가장 효과적이다.

여러분은 평소 익숙한 사고의 틀을 통해 익숙한 연관성을 규정하고 고착시킨다. 새로운 방식의 사고와 의식적으로 옛 사고방식을 중단하면, 뇌에 새로운 결합이 활성화되고 그로써 여러분도 새로워진다.

앞서 설명한 것처럼, 진지하게 고민하고 생각해보는 것만으로 여러분의 뇌에 새롭고, 미래지향적인 현실로 이끌어주는 새로운 회로가 활성화된다. 새로움에 대한 의식적인 반사를 통해 뇌의 전두엽이 작동하도록 이끌어 여러분 내면의 창조적 중심을 작동시킬 스위치를 누른다. 그로써 여러분이 상상하는 미래 상황에 어울릴 관련 정보를 탐색하여 새로운 뉴런 결합의 형성을 지원한다. 듣기만 해도 굉장하지 않은가? 어쩌면 유명 스포츠 스타들이 이러한 시각화 훈련을 자주 한다는 것을 들어본 적이 있을 것이다. 선수들은 목표 달성 후 느낄 기분이나 그 이후에 정확히 어떻게 행동해야 할지, 최고의 성과를 낼 장소는 어떤 모습일지, 주변의 반응은 어떠할지 등등 계속 연상한다.

그리고 이것이 바로 시각화 기법의 비법이기도 하다. 여러분의 미래를 정적인 장면이 아닌 영화처럼 움직이는 동적인 형태로 떠올려 보라. 예컨대 특정 기업에 입사지원서를 내기로 결심했는가? 그렇다면 이렇게 상상해보라. 노트북 컴퓨터에 두 손을 올려놓은 후 전원을 켠다. 이어 이력서 파일을 열고 의욕적으로 작성하는 여러분의 모습을 떠올린다. 또는 호기심과 적절한 긴장감을 느끼며 면접에 장소에 가는 모습, 또 그곳에서 여러분을 제대로 이해해주는 면접관과 나누게 될 흥미진진한 면접 상황을 상상해본다.

　매일 아침 그날에 꼭 맞는 상황을 고른 후 상자 없는 비전 연습을 통해 어떤 사람이 되고 싶은지 그 모습을 시각화해보자.

　아침에 일어나 그날의 첫 활동을 개시하기 전 스트레스 없는 상태에서 명상을 수련하는 것을 추천한다. 단 1분이어도 효과가 있다. 물론 가능하다면, 좀 더 긴 시간을 할애하는 것이 좋다. 스스로 잠에서 깨어났다고 자각하자마자 곧바로 두 눈을 감고 명상을 시작해보자.

명상: 상자 없는 비전

　여러분이 지금 막 잠에서 깨어났음을 의식해보자. 그리고 의식하며 결정을 내린다. 잠에서 깨어나면 자율적으로 실행되는 사고 과정에 곧바로 탑승하지 말고, 잠시 이 자각훈련에 여러분의 시간을 할애해본다. 누구도 될 필요가 없다면 나는 어떤 사람이 되고 싶은가?

　이 질문에 어떤 장면이 떠오른다면 그 흐름대로 내버려두어

라. 그런 미래의 나를 현재의 모습에 최대한 이입해본다. 그리고 그 시나리오가 영화처럼 흐르도록 허락한다.

시간이 허락된다면 계속해서 진행하도록 한다.

여러분과 자신의 완전한-나가 일치되는 하루를 보내려면 어떻게 해야 할지 시각화해본다. 예전에는 믿지 않았지만 한 번쯤은 시도해보고 싶었던 일을 하는 모습을 연상해보자. 그리고 그것을 하면서 여러분이 얼마나 즐거울지, 얼마나 자유롭고 굉장한 기분이 들지 떠올려본다. 직장생활 그리고 사생활에서 전력 투구하던 모습을 던져버리고, 편안하고 성취감을 느끼며 사는 삶이란 어떤 기분일지 떠올려본다. 그러려면 무엇을 해야 하는가? 그리고 어느 지점에, 무엇을 내려놓아야 하는가? 그러기 위해 필요한 속도는 어떠한가? 휴식 시간은 필요한가? 용기를 필요로 하는 곳은 있는가? 반대로 자제해야 할 것도 있는가?

여러분의 삶에 대해 떠오르는 생각과 감정을 상상해보자. 이제 여러분은 그런 생각과 감정을 깨닫는 것을 더는 두려워하지 않는다. 그 강도를 잘 참아낼 수 있다는 것을 이제 잘 알고 있기 때문이다. 일상에서 여러분에게 필요하고, 기쁨을 주는 것과 제대로 접촉하기 위해 계속 반복해서 자신을 멈추는 모습을 떠올려라. 이제 자신과 제대로 연결된 여러분은 스스로에 대한 지원을 아끼지 않는다. 그리고 일상에서 때때로 옛 습관이 은근슬쩍

끼어들려고 시도하는 것을 알아차렸을 때도 참을성 있고, 사랑스럽게 자신에게 대처하는 모습을 떠올려본다. 그리고 그것을 어떻게 알아차렸는지, 지금보다 여러분 자신에게 유익한 방식으로 평정을 찾으려 신속하게 반응한 여러분의 모습을 시각화해보자.

그리고 이제 미래의 나가 여러분에게 일으킬 감정에 대한 신체 반응을 파악하는 시간을 가져보자. 여러분은 어떻게 움직이고 있는가? 여러분 신체와의 접촉은 어떠한가? 여러분이 완전한-나가 되는 순간 신체의 무엇을 보고 알아차릴 수 있는가? 미래의 자신에게 곧 함께 누릴 멋진 경험에 대해 감사의 말을 전하고, 다시 현재로 돌아온다.

호흡에 집중하며 몇 차례 심호흡을 하고 새로워진 여러분의 하루를 시작해보자.

습관이 아닌
심장이 시키는 대로 하기

핵심 질문
무엇이 내 심장을 뛰게 하는가?

우리는 나이가 훌쩍 든 후에야 문득 예전 사진을 보며 자신을 평가하기도 한다.

"세상에, 이럴 수가! 떠올려보면 그때 내가 나한테 너무 비판적이었어. 그러고 보니 내 외모, 대인관계, 가족, 동료, 직장에 대해 불만이 엄청 많았구나. 당시에는 항상 내게 없는 것과 내가 아닌 모습만을 좇았지. 나의 아름다움, 내 인생에서 소중한 이들, 굉장한 가능성에 대해 장님처럼 아예 보지 못했어."

여러분도 그러한가? 너무 늦어버린 후에야 애정이 담긴 눈으로 바라볼 수 있다는 현실이 정말 이루 말할 수 없을 정도로 안타깝다. 그대신 우리는 수년을 부모와 가족이, 친구와 배우자가 왜 우리가 원했던 방식으로 우리를 사랑하지 않았는지 그 이유에 집착했다. 나는 직업상 사람들이 특정 관련인을 대상으로 그들이 원했던 방식의 사랑을 얻지 못한 이유를 반복해서 되뇌이느라 많은 시간을 허비하는 모습을 곁에서 지켜보았다. 무엇보다 그중에서도 왜 스스로 자신을 사랑하지 않았는지, 어떻게 하면 변할 수 있는지 질문한 사람은 정말 소수에 불과했다.

물론 어린 시절부터 사랑받으며 자라고, 태어나 처음 접한 양육자로부터 그런 사랑을 듬뿍 받으며 자란 사람의 경우 자신을 사랑하는 일도 어렵지 않게 해냈다. 여러분도 자신에게 다음과 같이 질문해보자.

- 만약 어머니/아버지/배우자의 사랑이 내 기대와 달랐다면 실제로 그 사랑은 어떤 모습이었는가?
- 상대가 사랑을 보여준 방식은 어떠했는가?
- 일 년에 두세 번쯤 만나는 친구의 애정과 비슷한가?
- 언젠가 여행을 함께 다녀온 후 한참이나 연락하지 못했던 친척의 애정과 같았는가?
- 내게서 최고의 퍼포먼스를 끌어내는 데만 몰두하던 스포

　여러분 인생에 포함된 사람들은 각자 어떤 방식으로 사랑을 표현했는가? '진정한 사랑이란 자고로 이렇지'라는 색안경을 벗어놓고 솔직히 자문해보자. 그것이 어떠한 형태이든 여러분은 분명 살면서 사랑을 접했을 것이다. 상황에 따라 그 사랑을 타인에게서 지켜보기만 했거나 그런 경험을 직접 해보고 싶다고 소망하는 것에 불과했더라도 말이다. 그리고 기억하라. 인생의 어느 시점이라도 자신을 사랑하고, 자기애를 수련할 수 있다. 지금이라도 절대 늦지 않았다.

자기애 강화하기

　여러분이 필요했던 것보다 타인에게서 사랑받지 못했다는 사실을 알아차렸는가? 그것만으로도 앞으로 여러분이 어떤 식으로 자기애를 강화해야 할지 알려주는 훌륭한 힌트가 된다. 예컨대 평소 부모가 학교 또는 직장의 결과물과는 상관없이 언제나 변함없는 애정을 선사했다고 가정해보자. 그러면 여러분은 스스로 이뤄낸 성과뿐만 아니라 매우 일상적인 상황에서 하는 일이나 결과물과는 관계없이 나는 이렇게 사랑받기에 충분한 사람이라고 늘 자신에게 말하는 연습이 가능했을 것이다. 만약 배우자가 여러분의 강하고 터프한 면만을 사랑한다고 느꼈다면, 여러분이 약해지고 무언가가 결핍된 기분이 드는 순간 자기애 문제가 발생한다. 설령 그런 순간이 오더라도 타인에게서 확인받지 않고도 스스로 자신을 사랑스럽게 대하며 그런 면도 괜찮다고, 멋지다고 말할 수 있어야 한다.

근본적으로 자기애란 매우 간단하다. 지금이라도 여러분이 살면서 인생에서 놓쳤거나 지금도 놓치고 있는 것을 당장 떠올려보라. 그리고 그것이 타인의 마음과 공명할 수 있도록 여러분의 심장이 시키는 대로 사랑해보자.

날마다 아버지, 배우자 또는 친구의 사랑이 여러분이 원했던 사랑과 달랐던 이유를 묻느라 삶의 에너지를 허비하지 않으려면, 다음과 같은 관점의 변화가 매우 도움이 된다. 방금 여러분을 제대로 사랑하지 않았다고 불평한 대상이 실제로 여러분에게 주지 않았던 것은 무엇이었을까? 그리고 지금도 주지 않는 것은 무엇인가? 이제 자신에게 솔직히 질문해볼 때다. 여러분을 그런 식으로 대한 그 또는 그녀의 관점에서 바라봤을 때조차 납득되지 않은 행동인가?

종종 우리는 이렇게 매우 중요한 관점을 제대로 살피지 않고, 오로지 우리가 충분한 혹은 올바른 형태의 사랑을 받지 못한 그 이유에만 집착한다. 스스로를 사랑하는 자질에 관한 책임은 회피해버리고, 그저 이 전부가 이제껏 제대로 사랑받지 못했기 때문이라고 탓한다. 간략히 말해, 자신에게 필요한 것을 얻지 못한 우리는 단순히 상대의 탓을 한다는 것이다. 거기에 사랑하는 능력이 아예 결핍되었다고, 애초에 타인에게서 자신을 사랑하는 법을 배우지 못했다고 말하며 또 한번 우리의 삶을 파괴한다.

이런 시각은 몹시 어리고, 무책임하다. 올바른 성인의 관점이라면, 지금까지 받은 것이 내가 사랑이라고 정의한 것에 다소 어긋나더라도 사랑의 한 형태로 인정할 수 있어야 한다. 오히려 특정 시점에 타인이 행동하거나 행동했던 것을 버리고 싶은지는 나 자신에게 물어야 한다. 나는 내 아이, 배우자, 친구들이 무엇을, 어떻게 다른 식으로 행동하기를 바라는가? 이 세상에 사랑을 표현하고, 내면에 자기애가 형성되도록 격려하려면 어떻게 해야 할까?

여기서 말하는 자기애란 자신과 사랑에 빠지는 것과 달리 우리 인간성을 폭넓게 인정하고 평가하는 것을 의미한다. 자기애는 자신의 모습을 정직하게 보고 듣는다. 그러므로 특정 모습을 감추거나 비하하지 않고 본모습 그대로를 마주한다.

자기애는 우리의 회복력, 정신의 저항력을 강화한다. 특히 심한 스트레스나 위기에 맞서 싸울 때 이런 능력이 필요하다. 자신을 사랑하는 능력이란 다른 말로 여러분의 케어 시스템을 활성하는 능력이라고 할 수 있다. 이를 통해 여러분은 스트레스가 난무하는 기간에도 자신을 제대로 돌보고 면역체계를 안정화시키며 자신에게 닥친 스트레스를 도전 과제로 바라볼 수 있다. 그로써 설령 살면서 심각한 위기가 닥쳐도 인생 전체를 위험에 빠트리지 않는다. 살면서 힘든 일이 생겨도 공감 능력이 탁월한 내면의 케어 시스템에 제대로 접촉하고, 불필요한 감정 과잉으로 자신을 평가절하하지 않는다면 다시 일어서기가 한결 수월해진다. 갑자기 배우자가 여러분을 떠나도, 예상치 못했던 질병과 마주하거나 힘든 일로 트라우마가 생겨도 말이다. 즉, 여기서 말하는 자기애란 공중에 펼쳐놓은 안전그물망 같은 것이다. 날마다 균형을 잡아야 하는 밧줄 위에서 다리가 꼬여 휘청이며 중심을 잃거나 예기치 못한 충돌 혹은 현기증이 날 정도로 아찔한 높이에서 예고도 없이 떨어질 때 여러분을 보호해준다.

만약 여러분이 자신을 잘 돌보려는 생각은 있지만, 어떻게 해야 하는지 또는 어떻게 격려하고 지원해야 할지 아무 생각도 떠오르지 않는가? 그런 상황일수록 여러분의 관계에 과부하가 생긴다. 스스로 자신에게 잘 해주지도 못하면서 그것을 상대에게 기대하게 되기 때문이다. 그러므로 다음과 같이 해보기를 권한다. 상대에게 무언가를 바라기 전에 먼저 자신에게 질문을 던져본다.

- 스스로 이룰 수 있는 희망사항인가? 타인에게 바라는 것을 직접 나 자신에게 해줄 수 있는가? 상대에게 바라는 희망사항 이면에 숨은 욕구는 무엇인가? 나를 위해 무엇을 해야 하는지 나 스스로 알고 있었는가?

물론 상대에게 바라는 소망을 예전처럼 그대로 전할 수도 있다. 하지만 이런 질문을 통해 얻은 깨달음은 우리에게 시사하는 바가 매우 많다. 생각보다 우리가 타인에게 책임을 전가하는 경우가 적지 않다. 일상에서 우리는 자신에게 무관심하고 애정없이 대하더라도 상대만큼은 우리에게 집중하고 다정하게 대해주기를 바라는 것이 훨씬 쉽기 때문이다. 또한 상대의 걱정과 고민거리로 우리를 힘들게 하지 않기를 바란다. 그리고 만사가 부담스러워지고 힘들어지면, 상대가 곧장 알아차려야 한다고 생각한다. 다시 말해 우리는 자신도 하지 못하는 것을 타인이 해주기만을 바라며 자신의 책임을 회피한다.

나는 자신을 제대로 사랑하는 능력과 타인에 대한 사랑 역시 인생이 소중한 선물이라는 사실을 얼마나 제대로 자각하고 있는지에 달렸다고 생각한다. 마치 시간이 영원한 것처럼 사는 사람들은, 매순간 자신의 자기애를 희생하며 힘들어한다. 그런 부류는 부족한 영양 섭취, 운동 부족, 과도한 스트레스 또는 약물 복용으로 제 몸을 혹사시킨다. 더불어 그들의 인생에 풍요로움을 선사할 것들을 전혀 깨닫지 못한다. 그렇다 보니 항상 파괴적인 사고에 집착하고, 소유하지 못한 것만을 떠올리며 자신의 마음과 정신을 학대한다. 항상 타인에게는 넘쳐나고, 자신에게는 부족하다며 불평불만만 늘어놓는 그들은 삶이 주는 선물을 소중하게 생각하지 않는다. 그리고 이런 부류는 앞으로의 시간이 얼마나 남았든 간에 "나중에 그럴 시간이 따로 있어. 당장은 할 수가 없는걸. 차리리 적당한 시점이 오기를 기다리겠어"라고 말하며 만사가 전부 자신의 손에 달렸다고 철썩같이 믿는다.

오늘 당장 여러분의 연인, 배우자에게 얼마나 사랑하는지 그리고 상대와 만나기로 결심한 여러분 자신이 얼마나 행운아였는지 고백해보자. 여러분의 자식에게 그들이 얼마나 소중한지, 때때로 여러분을 힘들게 하는 모습을 포함한 아이의 모습 전부를 사랑한다고 오늘 당장 고백하라. 친구들에게 그들 덕분에 여러분의 삶이 몹시 다채로워졌다고 오늘 당장 고백하라. 오늘 당장 손주들과 시간을 보내보자. 오늘 당장 여러분을 충만하게 채워줄 새 직업 찾기를 시작해보라. 그리고 오늘 당장 망설이지 말고 파괴적인 생각과 영향력에서 벗어나라. 그렇게 오늘부터 자신을 사랑해보자. 이 대표적인 사례가 나의 내담자 안톤과 미하엘이다.

두 사람 중 안톤은 아내가 세 명의 아이들을 데리고 떠난 후에도 그들을 잊지 못하고 그리워했다. 다른 한 사람인 미하엘은 어린 시절부터 어디에도 잘 어울리지 못하는 것 같은 기분에 빠져 있었다. 함께 살던 가족, 그리고 훗날 함께 일하던 사람들에게서 종종 그가 옳지 않다는 말과 좀 더 적응하려고 노력하라는 말을 듣는 일이 반복됐다.

안톤과 미하엘 두 사람은 계속 인생의 의미와 그들이 있을 자리를 찾았지만, 수년 동안 제자리였다. 그래서 상담 치료를 받아보겠다고 결심한 그들은 용감한 발걸음을 내딛었다. 하지만 실제로 치료 과정에 참여한 건 미하엘뿐이었다. 상태가 조금 개선된 후 안톤은 정신과 전문의가 처방해준 약이 효과를 보이면서 상담 치료를 중단했다. 반면 미하엘은 그에게 무엇이 부족한지,

그리고 그것을 어떻게 바꿔나갈 수 있을지 분석하기 시작했다. 안톤은 그런 과정이 필요없다고 보았다. 자신의 삶을 한 번 근본적으로 청소하고, 정돈하기보다 평생 처방약을 삼키는 것이 낫다고 판단했던 것이다. 우울한 사연을 겪는 동안 안톤과 미하엘이 절망의 끝자락에서 서로 다른 방식을 터득한 것은 내게 몹시 인상적이었다.

안톤은 계속 예전처럼 생활했다. 직장과 일상은 어느 정도 제대로 굴러갔지만, 자기 자신 또는 주변과 제대로 접촉된 것과는 거리가 멀었다. 마지막 상담에서 이제 자신의 상태가 훨씬 나아졌고, 더는 '정신과 의사'가 필요하지 않다고 내게 말하던 그의 모습이 떠오른다. 그를 바라보고, 그의 말에 경청하던 난 여전히 자기 자신에게 혹독하고, 파괴적으로 대하는 그의 모습이 눈에 들어왔기에 그런 그의 선언이 몹시 속상했다. 그는 심한 과체중 상태였고, 술을 많이 마셨다. 평소 운동도 즐겨 하지 않았고, 항상 헤어진 전 부인이 그의 삶을 송두리째 망가트렸다고 확신했다. 그는 그 어떠한 상담 제안도 단호히 거절했기에 나는 그가 바라는 대로 떠나는 모습을 지켜볼 수밖에 없었다. 하지만 마음속으로는 언젠가 그렇게 생존에만 몰두하지 말고 그 자신과 인생을 사랑하는 법을 깨닫기를 염원했다.

반면 미하엘은 인생에서 자신이 머물 자리를 찾으려면 무엇이 필요할지, 자신을 사랑하려면 무엇부터 시작해야 할지, 그에게 유익하지 않은 환경에서 벗어나려면 어떻게 해야 할지 고민했다. 우선 이사를 선택하며 미하엘은 과거의 자기혐오를 계속 유발하던 주변인들과 거리를 뒀다. 그 대신 그가 얼마나 소중하고, 사랑받을 만한 사람인지 표현하는 사람들과 교류했다. 새로운 지역으로 옮긴 그는 또 다른 치료사와 상담을 시작했다고 소식을 전했다. 그리고 얼마 지나지 않아 품에 아기를 안고 정원에서 찍은 그의 사진이 첨부된 이메일을 받았다. 자신을 위한 새 고향을 찾은 그는 이제 새 생명에게 이 세상에 머물 고향을 마련해줄 정도로 자기애를 성장시킨 것이다.

공황발작과 불안장애를 몸소 겪은 경험과 많은 내담자들과 상담을 한 오늘날 난 한 가지 만큼은 매우 확신한다.

그 순간에는 매우 불투명하고 고통스러울 수 있다. 하지만 인생에서 어느 순간 갑자기 여러분 스스로 무언가를 알아차리고, 의식하는 행운이 따른다면 여러분에게는 두 가지 선택권이 있다. 다시 말해 여러분 주변의 모든 상황에도 불구하고 내적으로 텅빈 것 같거나 그 누구와도 제대로 접촉하지 못해 외롭다는 감정을 깨달았다면 말이다. 퍼포먼스-나를 통해 잘못된 것을 다시 뜯어고치거나 고치도록 허락하며 실제로 무엇이 문제인지 두 눈을 꾹 감고 모른 척할 수 있다. 아니면 잠에서 깨어나는 그 순간 여러분의 두 눈으로 진지하게 인생을 바라보며 매순간을 소중한 선물로 겸허히 받아들일 수 있다. 그리고 그 위기의 순간을 자신의 진정한 행복을 위해 당장 무엇이 필요한지 발견하는 기회로 삼는다.

정기적으로 잠시 멈추고, 자각하고, 여러분의 상태가 어떠한지, 여러분의 케어 시스템에 제대로 접촉하고 있는지 솔직히 반영하는 습관을 기르면, 아무리 정신없는 일상이라도 잠에서 깨어나기가 한결 수월해질 것이다. 나는 그 과정을 명상이라고 부르지만, 여러분은 의식적인 휴식이라고 부를 수도 있을 것이다.

아니면 산책이나 운동을 할 때도 다시 자신과 접촉하기도 한다. 이러한 알아차림과 자신의 삶을 진솔하게 바라보는 시각은 매일 수련하는 명상 훈련의 부수적 효과라 할 수 있다.

이 책에서 여러분에게 소개한 모든 연습에는 이런 부수적 효과가 있다. 일상을 보다 더 의식적이고, 사려깊고, 주의깊게 보내도록 지원하는 이런 부수적 효과는 자기 자신에게 할 수 있는 가장 큰 선물이기도 하다.

기본적으로 이 책에 수록된 모든 연습 과제는 자기애 강화에 중점을 두고 있다. 이 프로그램의 3단계 러빙에서 난 무엇보다 인생 행로에서 여러분의 심장으로 향하는 길이 무엇일지 스스로 생각해볼 수 있도록 자신의 마음과 마음의 가치를 알아가는 데 주목하고 있다. 러빙에서 우리는 여러분의 '나 자신'을 돌보며 다음 단계인 본딩BONDING에서 애정으로 접촉된 우리가 타인과 함께 살아가야 할 방향을 파악하는 데 필요한 것을 먼저 살펴볼 것이다.

마음챙김 훈련

여러분의 연결성을 훼방하며 오랫동안 청산하지 못했던 문제를 해결했는가? 그렇다면 여러분은 이제 한결 가벼운 마음으로 마음의 지혜가 알려주는 방향으로 나아갈 채비를 마쳤을 것이다. 이제 우리는 진심을 다해 마음챙김Mindfullness 훈련의 두 번째 핵심 요소인 정신에 몰두해야 한다.

여러분은 아시아 전역의 언어에서 심장이란 말이 마음과 동일한 의미를 뜻한다는 사실을 알고 있었는가? 그 점만 봐도 아시아에서는 이 두 지혜의 출처가 서양문화권에서처럼 확연히 구분되지 않는다는 차이점이 두드러진다. 다른 한편으로는 그로써 우리의 마음챙김 훈련이 정신강화 훈련인 동시에 마음 단련이라는 사실을 상기시켜준다.

이 러빙 단계를 시행하는 동안 자신의 팔과 양손을 심장의 연장선이라고 생각하며 평소 아무 생각 없이 어루만질 때보다 훨씬 의식하며 연습한다. 손에 닿는 느낌에 집중하고, 손과 마음을 잇는 접촉 선로를 단련시키기 위해 평소보다 훨씬 자주 그리고 많이 만져본다. 언제, 무엇을 만지는 행위가 좋은지 그리고 불쾌한지, 여러분의 심장이 언제 '네' 또는 '아니오'를 선언할지 섬세하게 느껴본다.

이제 자신의 의식에 집중한 상태로 여러분의 집을 떠올려본다. 매일 여러분 주변에 놓여 있는 물건들을 만지고, 손에 쥐거나 손끝으로 느끼며 '내 마음은 어떻게 반응하지?' 또는 '이것이 애정과 관련이 있을까?'라고 질문해본다. 그렇다고 크게 걱정하지 마라. 내가 요구하는 것은 지금 여러분이 사용하는 물건과 내적 애정관계를 쌓으라는 말은 아니다! 주변에 있는 모든 사물을 '사랑하라!'고 주문하는 것이 아니다. 여러분의 환경에는 당연히 중립적이거나, 아예 연관이 없는 것도 있다. 이러한 알아차림 훈련은 여러분이 계속 자각하는 과정을 익히는 데 의의가 있다. 나는 이미 이 훈련을 통해 내담자들이 몹시 흥미로운 통찰력을 얻어가는 과정을 여러 차례나 지켜보았다. 예컨대 그들은 그 과정에서 그들의 집에 오롯이 배우자의 취향만이 반영되었고, 자신의 취향과는 아무 관련도 없거나, 주변에 자신과 무관한 물건들만 가득하다는 사실을 깨달았다. 그들은 그럼에도 왜 자신이 그런 환경에서 생활하고 있는 것인지 매우 타당한 질문을 그제야 던지기 시작했다.

러빙 단계에 본격적으로 돌입하기 전에 여러분에게 몇 가지 질문을 던지고 싶다. 다음 연습을 시작하기 전에 먼저 이 질문에 대답해보자. 그리고 다음 테스트를 수시로 확인하며, 질문에 몇 번이나 진심어린 애정을 담아 '예'라고 답했는지 비교해보길 권유한다. 이렇게 자기애에 관한 질문과 그 답변을 통해 여러분은 앞으로 이 훈련을 실천하며 변한 자신의 모습을 확인할 수 있다.

이제 함께 시작할 러빙 훈련으로 즐거운 시간이 되기를 바란다!

자기애 테스트

	예	아니오
1. 나는 나의 모습 중 내가 좋아하고 좋아하지 않는 면을 잘 알고 있으며 둘 다 나의 일부로 받아들일 수 있다.	☐	☐
2. 나 자신의 부족함이나 약점과 관련되어 있을 때도 나는 나 자신에게 다정하고 관대하며 인내할 수 있다.	☐	☐
3. 타인의 실수까지도 진심으로 사랑할 수 있다. 내 마음이 풀릴 때까지 계속 그들을 바꾸려 하지 않는다.	☐	☐
4. 기분이 좋지 않은 순간에도 나는 그 상황에 내가 한 발언에 책임을 질 수 있으며 타인에게 미루지 않는다.	☐	☐
5. 필요하면 난 도움을 받을 수 있다. 나 혼자 어떻게 해야 할지 모르는 상황이 생기더라도 이것이 나의 부족한 점이라 생각하지 않는다.	☐	☐
6. 내가 인생을 살면서 변함을 인지하고 있으며 그 변화를 내 신체와 정신에 수용할 수 있다.	☐	☐
7. 과거에 겪은 부정적인 경험을 내려놓을 수 있다. 과거의 경험에서 앞으로 나아갈 미래를 위해 고통을 줄이는 법을 배운다.	☐	☐
8. 걱정거리가 생기면 나는 더 많은 관심, 열린 마음, 사랑으로 자신을 마주한다. 이런 시기일수록 나 자신을 잘 돌보려고 노력한다.	☐	☐
9. 나는 내가 사랑받기 마땅한 사람이라는 것을 확신한다.	☐	☐

심장을 제대로 파악하기

게슈탈트 심리 치료에서 시행하며, 올바른 자세를 통해 인체 구조 기능의 효율성을 증진시켜 건강한 몸과 마음을 만드는 작업인 보디워크body work에서는 심장의 양측면을 관찰한다. 우리는 심장의 정면 및/내지 전체 흉각부위의 심장공간을 상처받기 쉽고, 약하고, 섬세한 우리의 특성과 연결시킨다. 바로 여기서 결속 경험이 시작되고 경쾌함, 기쁨, 순수함, 정직함, 신중함, 공감 같은 특성도 그러하다. 여러분도 자신이 종종 구부정한 자세로 움직이거나 둥글게 말린 등이 여러분의 '일반적'인 자세가 되어 버린 건 아닌지 살펴볼 필요가 있다. 정면에 공간이 충분히 확보되지 않으면, 일상에서 여러분의 섬세한 부분을 위한 공간이 부족해질 가능성도 있다.

하지만 우리의 심장은 전면뿐만 아니라 후면, 즉 등 쪽의 견갑골 사이 부근으로도 영향을 미친다. 여러분도 누군가 다정히 응원하는 감정으로 견갑골 사이에 위치한 이 부근에 손을 올려놓는 순간, 마치 상대가 여러분의 심장을 어루만지는 기분을 느껴본 경험이 있었을 것이다. 심장의 후면은 의지, 힘, 인내, 충성심 같은 특성을 담당한다. 이는 종종 우리가 잘못된 방식으로 심장보다 이성을 따르게 만드는 특성들이다. 머리로는 물론 우리가 계속 끈기 있고, 충성스럽고, 강하다고 생각할 수 있다. 그것이 바로 퍼포먼스-나가 시작된 원천이지만, 시간이 흐를수록 많은 긴장감과 에너지가 소모된다. 반면 심장에 제대로 접촉하면, 훨씬 적은 노력으로 힘과 끈기를 활용하며 실행할 수 있다.

균형을 유지하려는 심장의 양면은 서로를 이해하려고 노력한다. 인생에서 여러분의 심장이 이끄는 대로 방향을 설정하려면, 무엇보다 공감과 신중이라는 케어 특성이 필요하다. 하지만 힘과 끈기처럼 드라이브 특성은 물론 여러분의 심장에 흔적이나 상처를 남긴 부정적인 경험이 다시 반복되지 않도록 경고하는 패닉 특성도 필요하다.

마음챙김 훈련과 자기애 강화하기에 관련된 모든 연습에서 항상 심사숙고해봐야 할 중요한 질문은 다음과 같다. '무엇이 내 심장을 뛰게 하는가?' 또는 '내 심장에 조언을 구했을 때 내게 필요한 것은 무엇인가?'

여러분이 필요하다고 해서 원하는 것을 언제나 곧바로 취하거나, 모든 욕구가 충족되는 것은 아니다. 원하는 것을 곧바로 얻지 못했다고 인상을 찌푸리며 발을 구르고, 고집스레 외면하거나, 극적인 광분상태로 날뛰는 태도는 자신의 욕구에 대한 몹시 철없는 대처다. 엄연한 성인인 우리는 자신의 욕구를 알아차리고 표현할 줄 알며 때로는 충족할 수 없는 욕구가 언제나 존재한다는 사실을 인지하고 있어야 한다. 욕구실현이란 즉각적이지도, 포괄적이지도 않으며 때로는 아예 충족되지 않는 경우도 있다. 하지만 욕구를 실현할 기회는 욕구를 적절하게 표현하고 그에 부합된 메시지를 보낼 수 있을 때만 주어진다. 본질적으로 욕구를 표현하는 능력은 욕구 충족과 어른스러운 대처보다 훨씬 중요하다. 만약 여러분이 자신의 심장과 제대로 접촉할 수 있다면, 여러분은 심장이 말하는 욕구를 언제나 제대로 표현하게 될 것이다.

이런 심장과의 접촉을 연습하기 위해서 다음과 같은 심장 명상 기법으로 여러분을 초대한다. 최소 10분 이상 명상하기를 권장하며 그 시간이 길수록 더 좋다.

명상: 심장과 접촉

발을 골반 넓이로 벌리고 발바닥을 바닥에 접촉한 채 똑바로 앉는다. 양팔과 손은 무릎 위에 편안하게 내려놓는다. 자세가 편안하게 느껴지면 두 눈을 감아본다. 몇 차례 심호흡을 하며 호흡에 따라 여러분의 흉곽과 심장이 부풀었다가 내려가는 것에 주의를 기울인다.

호흡을 다섯 번 이어가며 오르락내리락하는 이 움직임을 관찰한다. 이 움직임을 확실히 인지하기 위해서 심장 부근에 한 손을 올려놓아도 좋다. 숨을 들이마시며 '마음을 연다' 그리고 내쉬며 '다시 거리를 둔다'고 생각하며 호흡을 다섯 차례 이어간다.

이제 우리는 여행을 떠나 여러분의 심장을 탐험하고 있다. 주의 깊게 여러분의 심장을 살피며 둘러본다. 여러분이 인지한 심장은 어떤 모습인가?

큰가? 작은가? 부드러운가? 딱딱한가? 좁은가? 넓은가? 상처가 있는가? 아니면 온전한가? 특정한 색상이나 형태가 있는가? 심장에 접촉했을 때 여러분이 인지한 특성은 무엇인가? 두려워하는 편에 가까운가? 아니면 용감한 편에 가까운가? 피곤해 하는가? 아니면 힘이 넘치는가? 상처 입기 쉬워 보이는가? 아니면 철갑을 두른 것 같은가?

그리고 이제 심장에게 당장 필요한 것이 무엇인지 질문해본다. 심장은 무엇이 필요하다고 말하는가? 지금 이루고 싶은 간절한 소원이 있는가?

시간을 충분히 가지고 기다리며 대답을 강요하지 않는다. 어쩌면 당장은 아무것도 없을 수도, 하지만 또 어쩌면 명확한 무언가가 있을 수도 있다. 그냥 그대로 두거나 질문을 멈춘다. 이제 여러분의 심장 그리고 심장이 있는 그 공간과 작별인사를 나누고, 오늘 여러분에게 알려준 내용에 대해 고마움을 전한다.

다시 호흡과 몸에 접촉하며 여러분의 발과 다리를, 여러분이 앉아 있는 하체를, 여러분이 지금 있는 공간을 느껴본다. 그리고 감았던 눈을 천천히 뜬다.

심장이 전하는 마음의 가치

여러분이 진심으로 존경하는 세 명의 이름을 떠올려보자. 그들이 이뤄낸 성과가 아니라 그들의 모습 그대로를, 그들이 자신과 타인을 대하는 방식, 그리고 그들이 진심과 사랑을 표현하는 방식을 토대로 선정한다. 그 대상은 여러분 주변 사람일 수도 있지만, 책 또는 영화에 등장하는 인물이거나 이미 작고한 인물이어도 괜찮다.

여러분이 그 대상을 존경하는 이유가 무엇인지 생각해본다.

세 사람에 대해서 떠올린 내용을 토대로 여러분의 심장이 전하는 마음의 가치를 이끌어내본다. 이 사람들의 존경하는 부분을 여러분 마음의 가치로 표현한다면 무엇인가?

만약 여러분이 정한 대상이 스트레스가 난무하는 시간에도 직원의 고충에 귀를 기울이고, 오롯이 사업의 목표가 이윤의 극

대화뿐만 아니라 함께 일을 함으로써 이 세상을 변화시키는 것으로 와닿는 상사라면, 여러분이 느끼는 마음의 가치는 다음과 같을 것이다. 인류애, 공감, 열린 마음 또는 친절. 그 밖에 충성도, 사랑, 동감, 힘, 지원, 안정성, 인내, 창의성, 자유, 신중 등이 또 다른 마음의 가치가 될 수 있다.

이제 여러분의 사례에 맞는 마음의 가치란 무엇인지 살펴본다. 인생에서 긍정적인 의미로 각인된 감정을 느꼈던 경험을 세 가지 정도 떠올려보자. 여러분은 어디에서 무엇을 말하고 행동했는가? 아니면 측정가능한 성과와 상관없이 여러분이 존경하는 누군가와 접촉했는가?

이 경험에서 느껴지는 마음의 가치 중 세 가지를 골라보자. 어쩌면 갑자기 분노하며 떼쓰는 아이 곁에서 그 행동을 나무라고 체벌하는 대신 최대한 침착한 마음으로 아이가 다시 대화할 수 있는 상태가 될 때까지 기다려주었던 경험이 있었을 수도 있다. 이런 상황에 적용되는 마음의 가치는 평정심일 것이다. 혹은 수년간 특정인에 대한 증오를 이어왔지만, 마침내 옛 악연을 내려놓기로 결심했을 수도 있다. 그럴 경우 마음의 가치는 용서이다.

여기에 여러분이 발견한 마음의 가치를 다시 한 번 요약해보고, 그 중에서 여러분에게 가장 중요한 세 가지를 떠올려본다. 이제 어떻게 하면 여러분이 선택한 마음의 가치를 따라 생활할 수 있을지 혹은 이미 그렇게 생활하고 있는지 생각해보자.

여러분이 고른 마음의 가치가 공감이라면 오늘 하루 공감했었는지 다시 한번 정확히 짚어본다. 여러분이 이런 공감을 표현하는 방식은 무엇인가? 여러분은 자기 자신에게 얼마나 공감하고 있는가? 타인에 대해서는 어떠한가? 매우 평범한 일상에서 여러분이 감정 이입할 수 있는 상황을 떠올려보자. 일상에서 분노와 마주하는 상황에 처한다면, 순간 자신에게 "겁에 질려 소리 한 번 질렀다고, 세계가 멸망하지는 않아. 하지만 그런 몰상식한 행동을 사과하고, 앞으로 그런 일이 없도록 노력할 거라는 확신을 주면 되는 거야. 그리고 앞으로는 좌절감에 대처하는 다른 방법을 찾겠노라고 말이야."라고 반복해서 말해도 된다.

일상에서 내 마음의 가치에 따라 살기 위해 할 수 있는 것들을 생각해본다.

* * *

나는 여러분이 자신과의 싸움에서 벗어나 사랑과 공감으로 자신을 마주하는 방법을 훈련하는 연습을 소개하며 이 러빙 단계를 마무리하고자 한다. 이 훈련으로 여러분의 (신체)자각능력을 또 한번 단련하게 될 것이다.

이번 연습에는 사랑을 표현할 상징물이 필요하다. 우선 집에서 혹은 지금 여러분이 있는 장소에서 그런 상징물을 찾는 시간을 가져보라. 지금 이 지점에서 독서를 잠시 멈췄다가 며칠 동안 사랑을 상징하는 물건을 찾아본 뒤 이 훈련을 재개한다.

명상: 사랑과 공감으로 나를 마주하기

편안하게 앉은 후 명상자세를 취해보자. 의자, 소파, 방석 또는 그냥 땅바닥에 앉아도 좋다. 여러분에게 사랑을 상징하는 물건을 손이 닿는 곳에 내려놓는다. 등을 세우고 곧게 앉아 온몸을 이완시킨다. 지금-여기에 집중하도록 호흡을 한다. 그리고 내면 깊숙한 곳으로 시선을 옮기도록 눈을 감아도 좋다.

최근에 자신에게 혹독하게 굴고, 불만족하거나, 좌절하거나 어쩌면 자신을 부끄러워하거나 비난했던 상황이 있는지 떠올려본다. 어쩌면 인생에서 계속 반복되는 것 같은 상황이 있을 것이다. 그것은 여러분 자신이 다르게 생각하고, 행동하고, 느껴야 한다는 생각에 유독 모질게 구는 것이기 때문이다. 이제 떠오른 하나의 상황을 선택해보자. 그리고 그때를 자세히 회상하며 당시 여러분이 느낀 감정을 떠올려본다. 여러분 외에 그 자리에 누가 또 있었는지 시각화해보자. 여러분이 있는 장소는 정확히 어디인가? 그 상황에서 여러분의 환경은 어떠했는지 연상해본다. 그리고 자신에게 스스로 엄격하게 군 행동을 최대한 그대로 느껴본다. 당시의 상황과 여러분이 느꼈던 감정의 정중앙으로 접근해보자.

만약 여러분이 어느 공간 안에 있다면, 그 문을 어떻게 두드려야 할지 떠올려본다. 만약 문이 없는 곳이라면 누군가 천천히 여러분에게 다가오는 모습을 연상해보자. 여러분은 문을 열거나 그 사람을 향해 몇 발자국 걸어나가 상대를 맞이한다. 상대가 공감과 호의 가득한 시선으로 여러분을 바라보며 말한다.

"당신은 지금 자신과 치열하게 싸우는 것 같군요. 내가 도와줄게요."

이제 여러분의 왼쪽에 선 그 사람이 두 눈을 감으라고 요청한다. 그 상대가 여러분의 심장과 견갑골 사이에 한 손을 올려놓고 부드럽게 어루만지며 다른 한 손으로 여러분의 왼쪽 어깨를 지탱하는 것을 느껴본다.

"깊게 숨을 들이마시고 내뱉어요. 당신의 왼편에 서서 내가 지탱해줄게요. 당신은 그저 호흡에 집중하며 마음과 접촉하는 일에만 전념하면 된답니다."

이제 여러분의 오른쪽으로 이동한 그 사람이 다시 등 쪽 심장 부근에 한 손을 대고 다른 한 손으로 오른쪽 어깨를 부드럽게 어루만진다. 상대가 말한다.

"당신의 발, 다리, 몸 전체, 호흡 그리고 심장까지 전부 접촉하세요. 내가 당신의 오른편에 서서 계속 응원할게요."

이제 안심될 정도의 거리를 두고 뒤로 물러선 상대가 여러분에게 "이제 뒤에서 응원하며 지원할 것입니다."라고 말하는 모습을 떠올려보라. 여러분 몸의 뒷면 전체를 느끼며 호흡에 접촉한 상태를 계속 유지한다.

이제 여러분의 정면으로 돌아온 상대가 여러분이 적절하다고 느끼는 간격을 두고 서서 "당신의 상대인 내가 당신을 응원해요."라고 말한다. 신체 정면에서 느껴지는 모든 감각을 인지해본다. 호흡에 집중하며 신체 정면의 심장 부근에 접촉한 상태를 유지한다.

이제 그 사람과 함께 자리에 앉는다. 그리고 상대와 함께 여러분이 자신에게 얼마나 엄격하게 굴었는지, 사실 여러분 자신을 얼마나 더 사랑하고 공감하며 반응할 수 있었는지에 대해 이야기를 나눠본다. 이때에도 신체와의 접촉을 유지한다.

작별인사를 나누기 전 상대가 여러분에게 선물을 건넨다. 그 물건에는 자신과의 싸움을 멈추고 여러분 자신을 사랑하고 공감하며 마주하라는 메시지가 담겨 있다. 이제 그 선물은 여러분에게 사랑을 표현하는 상징이다.

심호흡을 하며 가볍게 몸을 움직여 지금 여러분이 있는 이 공간으로 돌아온다. 그리고 지금까지 이 연습에서 경험한 내용을 정리해보자.

타인과의 관계에서
중심 잡기

우리 자신에게 솔직해보자. 하루가 저물어가는 그 시간, 명상 방석에 우두커니 웅크리고 앉아 있어야만 한다면, 그것이 제 아무리 우리 자신을 위해서라도 명상하고, 성찰하고, 묵상만 하는 일은 솔직히 지겹기만 하다. 하지만 저녁마다 함께 와인 한 잔 마시고, 즐거운 대화를 이어가고, 앞으로를 함께 꿈꾸며 우리 자신이 누군가와 연결되어 있다는 감정을 선사하는 누군가가 없다면 어쩌겠는가. 마르틴 부버는 "모든 참된 삶은 만남이다."라고 말했다. 그리고 그런 그의 의견에 난 전적으로 동의한다. 나에게 마음챙김 기법이란 조용한 방에서 명상하는 것뿐만 아니라 일상 생활과 타인과의 접촉을 통해 신중한 특성을 전달하는데 그 의의가 있다. 그리고 충만한 관계로 이르는 길은 잘 알려진 대로 항상 나 자신에게서 뻗어나와 타인으로 이어진다. 앞에서도 거듭 강조했지만, 무엇보다 가장 먼저 접촉된-나를 챙기는 일이 매우 중요하다. 그것이 선행되어야 비로소 타인과의 사랑과 접촉이 가득한 우리의 모습으로 생활할 수 있다.

그렇다면 프로그램 중 이번 4단계 본딩은 여러분에게 어떤 가치가 있는 걸까?

지난 단계에서 여러분은 자신의 있는 모습 그대로를 수용하고, 쓸모 없거나 시대에 뒤떨어진 신념의 근거를 캐묻고, 케어 시스템을 활성화하여 솔직하고 다정한 눈으로 자신을 바라보는 훈련을 거듭 반복했다. 만약 여러분이 다음과 같은 질문의 답을 찾고자 한다면 이번 본딩 훈련도 해볼만한 가치가 차고 넘친다.

여러분의 실제 있는 모습 그대로 타인에게 "예스"라고 말할 수 있는가? 상대와의 접촉으로 나의 욕구가 좌절되고, 나를 불편하게 만드는 사람들이 주변에 있을 때 이를 알아차릴 수 있는가? 아니면 그런 사람들 대신 나에게 잘해주고 내게 사랑을 보여주는 것이 기쁨인 사람들에게 내 눈과 모든 감각을 열기로 결심할 것인가?

나를 찾아온 많은 내담자들이 마음의 과제를 수행하면서 자기 자신과 욕구에 대한 감각을 개선하는 모습을 곁에서 계속 지켜볼 수 있었다. 그밖에도 그들은 자신을 잘 돌보는 법과 근본적인 자신감을 키우는 법을 배웠다. 그렇지만 종종 사람들 혹은 관계에 의존하는 모습을 보이기도 했다. 그러다 새롭게 생긴 자의식과 자기애를 의심하는 상황에 처하기도 했다. 또는 자신에게서 그러한 특성을 재발견하는 순간마다 그들은 자신에게 전혀 유익하지 못한 옛 파트너에게 돌아가곤 했다.

난 지나간 내 과거를 통해 이런 효과를 이미 잘 알고 있었다. 내가 그럴 때마다 두 눈을 동그랗게 뜨고 다소 신경질적인 한숨을 쉬며 날 걱정하던 친구들과의 관계가 떠올랐다. 또 결국 그들과 전부 내려놓기 전 과거의 내가 하던 방식대로 옛 관계를 답습하려 한다는 것을 말이다.

나 자신과 여러 내담자의 사례를 통해 나는 무엇이 문제인지 정확히 알고 있었다. 그것은 우리가 살면서 완전한 힘을 얻으려면 우선 그런 사람들(이를테면 옛 연인)을 내려놓아야 한다는 사실을 받아들일 준비가 아직 충분하지 못했기 때문이다. 이런 상황에 처한 사람은 문제의 갈피를 쉽게 잡지 못한다. 적어도 우리 자신의 일부분이나마 상대에게서 사랑받았다고 생각한다. 그런 감정은 아예 모르는 사람을 신뢰하기까지의 감정보다 훨씬 안정감을 선사한다. 하지만 이러한 사고의 소용돌이에 휩쓸려버리면, 우리 자신이 진심으로 사랑받을 가치가 있다는 당연한 사실을 의심하게 된다. 그리고 우리가 정말 어떤 사람인지, 우리 자신에 대한 사랑 말고도 타인의 올곧은 사랑을 받으며 살 수 있다는 것 자체를 불신하게 된다.

그러므로 우리가 이번 단계에서 해결해야 하는 과제는 주로 본딩을 중심으로 회전하는 내사를 발견하는 데 있다. 예컨대 그런 내사에는 "난 누군가에게서 진심 어린 사랑을 받을 자격이 없어", "직장에서 이렇게나 성공했는데, 평생을 함께할 인생의 동반자를 찾는 것까지 바라면 안 되겠지", "지금은 놓쳐버렸지만 한 때 저 사람들과 기회가 있었지", "사람은 이르든, 늦든 다 헤어지게 되어 있어. 뭐 하러 그런 관계에 에너지를 허비한단 말이야" 등이 있다.

이 지점에서 잠시 자신을 살피며 이런 식의 본딩 내사가 여러분의 길을 가로막고 있는 건 아닌지 확인해보자.

• 여러분 자신에게 계속 반복하는 말이나, 여러분의 관계가 다소 만족스럽지 못한 방향으로 흐르는 데 기여한 말이 있는가? 또는 여러분 자신이 굳게 믿어 의심치 않거나, 결속과 사랑을 부정적으로 정의하게 만든 사연이 있는가?

만약 내면에서 뭔가를 발견했다면, 다시 디톡싱 기법을 활용하여 여러분을 잠식한 내사를 흔들어보자. 그냥 이대로 책을 읽다가 나중에 잊어버리기 전에 지금 당장 여러분에게 방해만 되는 내사를 정리하는 시간을 가져보자!

관계유형

사람의 핵심 욕구 중 하나인 본딩은 유대감 형성을 의미하며 타인과의 접촉, 친밀감과 관계를 추구한다. 이때 드라이브는 타인과 접촉하려는 추진력을 제공한다. 패닉은 나에게 이로운 사람과 멀리해야 할 사람은 누구인지, 상대를 신뢰하고 한 사람에게 마음을 여는 것이 언제 의미가 있을지 선별한다. 케어는 여러분이 살면서 어떤 형태의 관계를 맺고 싶은지, 뭔가를 교환하거나 회피하고 싶은 시점이 언제인지 그리고 여러분의 곁에 누군가를 허락하려면 무엇이 필요할지 결정하는 과정에서 본인의 직감을 믿을 수 있도록 지원한다. 케어는 감정 이입과 공감과 같은 특성으로 여러분의 관계를 보살핀다.

이때 우리 스스로 있는 모습 그대로를 받아들이면서, 타인의 모습 또한 그대로 수용하는 것이 만족스러운 관계의 첫 번째 핵심 포인트다. 두 번째는 관계를 개선하거나 악화시키는 특정 전제가 일반적으로 존재한다는 것이다. 다시 말해, 유독 우리에게 더 잘 맞는 사람이 있다. 항상 실패만 하는 관계를 거듭 경험하고 있는가? 그렇다면 항상 타인의 친밀감을 바라는 욕구에만 치우쳐 자신에게 맞지 않는 파트너만 찾고 있는 것은 아닌지 다시 한 번 살펴봐야 한다.

독일의 저자, 아미르 레비네Amir Levine와 라헬 헬러Rachel Heller는 이와 관련하여 매우 흥미로운 관점을 던진 저서《항상 잘못된 상대에게 사랑에 빠지는 이유Warum wir uns immer in den Falschen verlieben》를 출간했다. 이 두 저자는 다양한 관계유형을 스케치하며 유독 조화를 이루는 상대와 그렇지 못한 사람들이 있는 이유를 흥미롭게 설명했다. 매번 연애가 서로에게 독이 되는 관계가 되어 파국으로 치닫는 이유를 제대로 분석하고 싶다면, 이 책을 추천한다. 이러한 관계유형 정보는 여러분의 욕구에 제대로 반응할 파트너를 찾는 데 유용하게 쓰인다. 더불어 여러분이 자신의 손으로 좋은 관계를 망가트리는 이유를 보다 명확히 파악할 수 있다.

여기서 레비네와 헬러가 소개한 정보를 간략히 설명하려 한다. 본딩의 맥락에서 볼 때 여러분의 관계유형을 제대로 파악하는 것도 매우 훌륭한 케어 방법이라고 생각하기 때문이다.

레비네와 헬러는 영국 소아과전문의이자 정신의학과전문의인 존 볼비John Bowlby 연구 결과를 토대로 관계 또는 애착유형을 안정형, 두려움형, 거부형으로 구분했다.

볼비의 애착이론에 따르면 애착유형의 안정형은 언제라도 닿을 수 있는 부모나 양육자를 신뢰하고, 아이의 욕구가 진지하게 수용되고, 아이 모습 그대로 받아들여지는 경험이 있는 부류에게 형성된다. 이러한 환경에서 성장한 아이는 성인이 되는 연령대까지 이런 경험이 이어진다. 그리고 성인이 된 후에도 타인과의 관계에서 서로 원활히 소통하는 믿음직한 상대가 된다. 친밀함 또는 독립적인 행동을 두려워하지 않고, 감정을 표현하는 데 아무런 어려움을 느끼지 않는다.

반면 애착유형의 두려움형은 일반적으로 어린 시절 양육자의 태도를 예측하기 힘들었던 경우가 대다수다. 이런 유형의 양육자는 때로는 다정했다가, 갑자기 몹시 차갑고, 거부감을 보이는 태도를 보인다. 또한 아이의 욕구와 곤경에 조금도 곁을 허락하지 않는다. 따라서 두려움형은 어릴 때부터 언제 마음을 여는 것이 안전한지 그리고 그렇지 않은지 주변 분위기를 기민하게 살피는 경향이 있다. 그러다 보니 성인이 된 후에도 종종 감정의 뉘앙스와 기분의 변화를 감지하는 분야의 전문가가 되기도 한다. 두려움형은 상대와의 관계에서 많은 관심과 친밀함을 원하며 대개 거절에 대한 두려움이 몹시 강한 편이다. 매번 파트너의 표현을 일일이 마음에 담아둔다. 그리고 상대가 변심하지 않을까 의심한다. 또한 열린 마음으로 소통하기보다 차라리 상대를 조종하고, 관심을 잃지 않으려는 목적의 작은 게임을 선택한다.

애착유형의 회피형은 대개 너무 어린 나이부터 독립성을 강요받았다. 아직 아이가 한참 어린데도 부모가 이혼하거나, 집을 나가거나, 세상을 떠난 경우처럼 말이다. 그밖에 부모가 아이를 위해 많은 시간과 대화를 할애하지 않음으로써 아이들이 겪는 고통을 알아차리지 못한 경우도 있다. 이런 유형의 아이들은 너무 어릴 때부터 모든 것을 스스로 감당해야 했다. 회피형은 어려서부터 다소 거리가 있는 부모나 양육자 밑에서 성장했다. 그런 만큼 보호, 위로 및 애정과 같이 어린 시절의 상징적인 욕구를 충분히 채우는 것이 불가능했다. 특히 이들의 양육과정에서는 자력, 힘, 독립심, 지구력, 관철하는 힘과 같은 자질이 매우 중요한 역할을 했다. 그리고 그러한 성향은 성인이 된 후에도 관계형성에 영향을 미친다.

　수많은 학문 연구를 토대로 오늘날 성인이 된 우리는 애착유형의 형성을 결정하는 요인이 오롯이 부모의 애정과 관심만이 아니라는 사실을 물론 잘 알고 있다. 어린 시절에 경험한 애착관계 외에 유전적 영향이 더해지고, 특히 성인이 된 후 연인관계를 통해 얻은 연애경험이 강한 인상을 남긴다. 신경학자 다니엘 지겔Daniel Siegel과 신경심리학자 릭 핸슨Rick Hanson과 같은 과학자들은 매우 인상적인 방식의 연구를 통해 우리의 애착 경험이 뇌의 배선配線과 연관이 있다는 것을 입증했다. 그리고 새로운 경험을 통해 뇌에 생성된 새로운 신경구조는 또다시 우리의 대인관계 태도에 영향력을 행사한다.

　다시 말해, 설령 여러분의 관계유형이 두려움형이나 회피형에 가깝더라도 아직 기회는 있다. 안정형과의 관계에서 상대의 배울 점을 배워가며 여러분의 손으로 직접 새롭고 안전한 애착 책략을 익힐 수 있다. 그리고 여러분의 인생에 보고 배울 '안정적인 모델'이 없다 해도 목표가 뚜렷한 마음챙김 수련을 통해 혼자 터득하는 방법도 있다. 특히 감정 이입 연습을 통해 뇌에 새로운 배선 형성을 유도함으로써 내면에서 안정형 애착관계를 발견할 수 있다. 나는 이런 발상이 케어에서 비롯된 매우 중요한 사고방식이라고 생각한다.

상대에게 신뢰와 정직 그리고 책임감으로 다가서라. 단순히 상대를 지루하다고 깎아 내리지 말고 '안정감을 주는' 여성과 남성을 선택하여 사랑과 다정함이 가득한 세상에 대해 배운다. 누군가에게서 진정한 친밀함을 경험해봤는가? 지루함과는 차원이 다르다.

레비네와 헬러의 애착유형 이론에서 가장 흥미로웠던 부분은 저자들이 소개한 애착유형의 상호작용에 관한 정보였다. 만나는 상대에 따라 변하는 애착 패턴의 차이를 명확히 설명했다.

만약 여러분 스스로 애착유형의 두려움형이라는 것을 파악했다면, 최대한 회피형 파트너를 피하고 가능한 안정형 파트너를 찾아야 한다. 이는 안정형 유형의 행동방식이 여러분의 두려움형 애착시스템을 자극하지 않기 때문이다. 하지만 아마도 여러분이 지닌 독립성과 자립심에 처음에는 회피형 파트너가 유독 여러분에게 관심을 보일 것이다. 무엇보다 여러분의 모습에서 그런 성향이 명확히 두드러졌기 때문이다. 그렇지만 가벼운 만남이 아니라 진정한 인연을 찾는다면, 회피형 애착관계를 추구하는 파트너가 두려움형인 여러분이 소망하는 친밀감에 관한 엄청난 욕구를 절대 채워줄 수 없다. 따라서 그런 파트너와의 결합은 결코 행복해질 수 없다.

하지만 여기서 분명히 하겠다. 어디까지나 안정적이라는 말은 관심이나 흥미가 생기지 않더라도 원하는 것을 무엇이든 들어준다면 그 상대를 선택하라는 의미가 절대 아니다. 나는 목적에 어긋나지 않는 회피형 파트너를 선택한 많은 두려움형의 내담자들이 불만을 털어놓는 모습을 자주 지켜보았다. "무엇을 하든 예측 가능한 유형과 그저 안정적이기만 한 애착 범주 내에서 이리저리 오가며 일상적인 생활만을 하는 관계는 도저히 참을 수가 없어요."

대부분 이런 사람들은 안정감 있는 애착과 흥미진진한 관계가 서로 반대 개념이 아님을 경험할 대상이 지금까지 없었던 것이다. 실상은 오히려 정반대다. 상대에게 책략이나 도박을 해볼 필요가 없다는 것을 확신하며 상대의 멋진 점과 그를 언짢게 하는 부분을 그리고 그들의 관계를 의심하는 일 없이 열린 마음으로 속 시원히 터놓을 수 있는 파트너는 근본적으로 밀고 당기는 연애를 즐기는 파트너보다 훨씬 매력적이다. 연애의 밀당을 즐기는 파트너일수록 내면의 불확실성과 거듭 싸우며 이를 공개적으로 소통하지 못하는 경우가 빈번하다.

레비네와 헬러는 애착유형의 회피형의 경우 두려움형에 비해 안정형에 동원하는 거절 레퍼토리가 비교적 적다고 설명한다. 친밀감 욕구가 누구보다 강한 두려움형은 지나칠 정도로 회피형의 회피 경향을 자극한다. 회피형의 경우 타인이 자신에게서 원하는 것이 없을수록 훨씬 더 편안함을 느낀다.

내가 당신에게 배울 점은 무엇일까?

나는 애착이론을 비롯해 레비네와 헬러의 통찰력과 권장사항이 몹시 흥미롭고 유용하다고 생각했지만, 각각 다른 상자로 사람을 분류하는 주장만큼은 썩 마음에 들지 않았다. 그들의 저서를 읽은 나의 소감은 다음과 같았다.

"안정감이 있는 애착유형으로 성장하는 행운이 따른다면 관계에서만큼은 선두주자가 되겠어. 두려움형 또는 회피형이 되면 다소 손해를 보겠지만, 아무튼 회피형, 두려움형 사람 만큼은 만나지 말아야겠어. 충만한 연인관계를 유지하려면 어쨌거나 열심히 노력해야겠네."

하지만 이제 여러분은 이런 생각이 여러분의 퍼포먼스-나에서 형성된 것임을 알고 있을 것이다. 왜냐하면 접촉된-나라면 여러분에게 이렇게 말할 것이기 때문이다.

"두려움형, 회피형 또는 안정형으로 분류한 이론이 여러분의 유형을 어떻게 정의하든 그것으로 자신에게 '더 나은' 또는 '더 나쁜' 상황을 만들지마. 그런 이론과 연구결과는 나와 타인을 좀 더 제대로 파악하고 신중한 결정을 내리는 데 활용하는 거야(나는 워낙 친밀감을 중요하게 생각하니까 친밀감에 두려움을 느끼지 않는 파트너를 찾는 것이 의미가 있겠지). 그러니까 언젠가 연인관계 또는 연애를 시작할 준비가 되었음을 확신하려고 이렇게 곧장 자기최적화를 시작할 필요가 없어. 그리고 수년간 이어갈 치료에 어린 시절 겪었던 경험을 전부 끌어들이지 않아도 돼. 그냥 네 스스로 의식하며 관계의 시작을 허락하기만 하면 충분해. 그리고 애초에 나와 다른 욕구를 지닌 타인을 폄하하는 대신 인정한다면, 넌 이미 준비가 되어 있는 거란다."

더욱이 자신을 돌아보는 대신 상대를 두려움형 혹은 회피형으로 분류하고는 상대에게 꼭 그 책을 읽어보라고 권하는 내담자들을 곁에서 지켜본 적이 있다. 그로써 그들이 파트너에게 전하는 메시지는 이럴 것이다.

"아마 그러면 당신도 자신이 무슨 실수를 하고 있는지, 그리고 결국 함께 행복하려면 당신 자신을 어떻게 바꿔야 할지 알아차릴 거야."

나는 그 이면에 숨은 동기는 어느 정도 납득할 수는 있었다. 하지만 그것은 타인의 자각과 인정과는 거의 무관하다. 오히려 파트너를 겁먹게 하고, 관계에 불화를 일으킬 불씨가 될 가능성만 존재한다.

여러분이 파트너에게 뭔가를 바랄 때마다 계속 이런 식으로 대처했었다면, 차라리 다음의 방식을 연습해보기를 추천한다.

이제 당신이 달라졌으면 좋겠어

우선 이 연습을 통해 여러분이 관계를 맺고 있는 상대에게서 바뀌었으면 하는 점을 생각해보라. 한 사람을 선택해도, 동시에 여러 명을 선택해도 좋다. 예컨대 상대가 배우자, 전 배우자, 시어머니, 아버지, 친구, 상사, 아들 또는 딸이어도 가능하다. 여러분에게 계속 무언가를 내려놓게 만드는 사람을 선택하는 것이 가장 좋다.

그것만큼은 당신에게 배울 수 있어

앞의 연습에서 선택한 사람마다 여러분을 괴롭혔던 점이 무엇인지 떠올려보며 다음의 질문을 던져본다.

• 계속 내가 바뀌기만을 바라는 모습을 보이는 당신에게서 내가 배울 점은 무엇일까?

만약 여러분의 아이가 매우 충동적인 성향의 소유자라면, 여러분은 아이와의 관계에서 침착함과 마음챙김을 수련할 수 있을 것이다. 만약 낮이고 밤이고 할 것 없이 자기 문제만 얘기하려는 친구가 있다면, 이제 여러분은 경계를 정하고 선을 긋는 법을 연습해야 한다.

본딩 경험 측면에서 생각해보면 살면서 마주하는 만남과 경험은 전부 소중하다. 그러므로 무엇보다 난 이 훈련이 우리에게 매우 유용하다고 생각한다. 그것이 매우 고통스러운 경험일지라도 타인과 함께 하는 경험을 통해 우리는 자기성장과 발전을 위해 배울 점이 있기 때문이다. 물론 그중에서 우리의 에너지만 빼앗고, 심지어 상처 입히거나 함부로 대하는 사람을 과감히 떠나는 결정을 내려야 할 때도 있다. 구태여 부정적인 경험을 알아차림과 배움의 목적이라고 치부하며 거듭 반복하는 일을 인생의 숙제로 삼을 필요는 없다. 인생은 살다보면 우리가 특정 관계로 인한 고통을 마주치도록 안배한다. 지금이 바로 그런 시점이라면 다음의 연습이 여러분의 회복력을 지원할 것이다.

"내가 당신에게 배울 점이 무엇인가?"라는 질문을 다시 한 번 던져보자. 상대가 바라는 변화를 살피며 여러분이 배울 만한 점이 있는지 눈앞에 떠올려본다. 더는 퍼포먼스-나의 입장에 서서 여러분을 언짢게 만드는 상대의 성향에 맞서지 말고, 접촉된-나를 통해 여러분 개인의 성장과 화해를 돕는 여러분의 케어 시스템을 일깨운다. 여러분의 인생에 화해와 용서를 가로막는 사람이라면 굳이 상대와 직접적으로 맞교환하지 않아도 된다. 여러분이 바란다면, 자신을 위한 고요한 마음속 화해만으로도 충분하다. 그러기 위해서는 더는 씁쓸하게 다른 누군가에게 매달리는 일도, 지나칠 정도로 상대에게 많은 권한을 허락하며 여러분을 귀히 여기는 사람과의 사랑에 더 의미있게 쓰일 소중한 에너지를 허비하는 어리석은 짓도 그만둬야 한다.

나는 타인과의 접촉을 통해 교훈을 얻을 마음의 준비가 됐는가?

이제 이 연습을 통해 여러분이 변하기만을 바라는 사람들과의 접촉을 개선하려면, 실제로 무엇이 필요할지 배울 자세가 되었는지 직접 확인해보기 바란다.

이를테면 확실한 연인관계는 사양하고, 가끔 섹스만 즐기길 원하는 누군가와 만난다고 가정해보라. 그리고 여러분은 앞의 연습에서처럼 상대가 그런 태도를 바꾸고 여러분과 명확한 관계를 허락하고 있다고 상상해본다.

훗날 여러분은 어쩌면 상대를 통해 매순간을 더 즐기는 법, 인생을 미리 계획하지 않고 사는 법, 때로는 불확실성에 취해보는 법을 배웠노라고 생각할 수도 있다.

이제 다시 한 번 검증해볼 때가 되었다.

• 여러분이 배움의 기회라고 정의한 그것이 정말로 여러분이 배우고 싶은 것인가? 여러분은 정말 그럴 마음의 준비가 됐는가? 만약 지금 이 시점에서 그런 점을 배우겠노라고 결정했다고 가정하면 그것이 진정 여러분 자신과 그리고 여러분 심장의 가치에 부합되는가?

지난 단계에서 배운 심장의 가치를 차분히 다시 한 번 살펴보고 여러분이 상대와의 접촉에서 진짜로 배울 준비가 됐는지 생각해본다. 이때 상대의 태도에는 전혀 변화가 없는 상태라는 전제를 유념하라! 그리고 정확히 어떤 마음의 준비를 끝낸 것인지 그리고 타인과의 접촉을 어떻게 표현하고 싶은지도 정리해보자.

만약 상대와의 관계가 복잡하고, 좌절감은 물론 상처와 고통이 가득한 상황이 반복되어 상대와의 접촉에서 무언가를 배울 마음의 준비가 부족하다면, 엄밀히 말해 그것은 그 접촉에서 벗어날 기회가 생겼다는 것을 의미한다. 만약 계속 스스로 상처 입으면서도 상대가 변하지는 않을까 하는 기대로 인생을 허비하고 싶지 않다면 말이다.

* * *

상대와의 관계에서 서로에게 유익한 접촉이 이뤄지려면, 먼저 진심으로 상대의 다름을 수용하고, 존중해야 한다. 그러기 위해서는 고정된 정신 상자와 자신을 규정하는 내사에서 벗어나 본인의 의지에 따라 자발적으로 행동하고, 느끼고, 생각해야 한다. 더는 자신을 꾸미거나 바꾸지 않아도 타인에게 있는 모습 그대로 사랑받고 받아들여지기를 소망하는 것처럼, 상대도 우리에게 동일한 것을 기대한다.

그리고 여기에서도 게슈탈트 심리 치료의 역설적인 이론이 적용된다. 특정인과의 관계에서 상대가 우리를 바꾸려 들지 않고 있는 그대로를 수용하는 경험을 하게 되면 그 사람과 함께 함으로써 성장과 더불어 변화의 기회가 허락된다. 사랑과 완전한- 나를 있는 그대로 수용하는 경험을 통해 우리는 자신의 애착유형을 변경하고, 파괴적인 메커니즘을 과감히 버릴 힘을 얻는다. 왜냐하면 방어 기제가 더는 필요 없기 때문이다. 그로써 우리는 상대를 향한 진정성과 자각을 깨닫게 된다.

관계란 변화무쌍하고 역동적인 과정이다. 자각이란 그 관계를 함께 발전시키는 데 있어 매번 조율이 필요함을 항상 인지하고 있다는 뜻이다. 타인과 관계 안에 함께 있을 때는 혼자일 때와 다르다. 우리는 서로 욕구도 다르고, 부분적으로는 행동에도 차이가 있다. 그렇다고 해서 누군가의 행동이 잘못됐다고 할 수 없다. 오히려 이로써 '전체는 항상 각 부분의 합보다 더 크다'는 게슈탈트 심리학의 원칙을 입증한다.

나의 내담자, 톰은 예전에 혼자 상담받을 때와 그의 아내와 함께 만났을 때 그리고 훗날 그의 아내, 아이와 함께 만났을 때의 태도를 비교하면 동일 인물인지 거의 알아보기 힘들 정도였다. 처음에 단둘이 면담을 나눴을 때 난 톰이 의사소통에 매우 적극적이고 관심분야가 많으며 열린 사람이라고 생각했다. 톰은 항상 많은 이야기를 들려주었고, 나의 의견을 귀담아 들으며 소중히 여겼기에 그와 함께 하는 시간은 금세 지나가곤 했다. 하지만 아내와 함께 방문한 톰은 갑자기 폐쇄적이고 과묵한 남자가 되어 있었다. 그랬다. 갑자기 그는 흡사 매사에 뚱한 십대 청소년처럼 반응했다. 아내에게 모든 주도권을 넘기고 몰아치는 그녀의 공격에 방어하느라 정신이 없어 보였다. 그리고 훗날 자식과 함께 찾아온 톰의 생기는 지난 방문과 또 달랐다. 그리고 난 순수한 사랑과 관심을 아이에게 쏟아붓는 그의 모습을 곁에서 지켜볼 수 있었다. 하지만 여전히 아내를 향한 마음의 문은 굳게 닫혀 있었고, 아내는 남편과 아이에게 화가 잔뜩 난 상태였다.

여러분은 분명 다른 맥락에서 이와 유사한 상황을 겪어본 적이 있을 것이다. 평소 함께 쇼핑을 즐기던 친구였어도, 친구의 아이가 함께 하는 상황이 되면 갑자기 다른 모습으로 돌변한다. 아버지와 단둘이 대화할 때 아버지는 어머니가 곁에 있는지 여부에 따라 행동이 완전히 달라졌다. 마찬가지로 비즈니스 미팅에서 보이는 여러분의 모습은 친한 지인들과 함께 어울려 이야기 나눌 때와는 확실히 다를 것이다. 이런 모습은 전부 정상이다. 그리고 타인과의 접점, 관계를 통해 믿을 수 없을 정도로 우리 자신에 관한 많은 것들을 배울 수 있다는 점을 시사한다.

물론 때로는 이런 태도가 나의 내담자 톰의 경우처럼 자신에게 도움이 되기는커녕 우리 자신과 주변 관계를 가로막는 원인으로 작용하기도 한다. 그럴 경우 타인과의 접촉에서 자신의 특정 모습을 억누르는 이유가 무엇인지 그리고 우리가 (더는) 원하지 않는 형식으로 우리가 지닌 특정 성향을 자극하는 것은 무엇인지 살펴봐야 한다.

투사

여러분이 특정한 관계로 발전할 가능성이 적은 방식으로 행동하는 대상이 있다면, 그에 대해 떠올려보라. 상대와 접촉했을 때 여러분의 행동과 태도는 어떠한가?

그리고 이제 스스로에게 질문해보자.

- 그 대상과의 접촉에서 다른 누군가(내 과거의 인물)를 떠올리는 것은 아닌가?
- 그 사람 혹은 그 사람의 특정 행동이 과거의 부모님, 형제 혹은 친구가 날 머리 꼭지까지 화나게 만들었던 그 일을 떠올리게 하는가?

더불어 그 사람과 접촉할 때 자신이 몇 살처럼 느끼는지 스스로 물어보자. 그로써 해당 연령대에 겪었던 사건 그리고 다시 그 상대를 통해 여러분이 느끼고 있을 감정의 실마리를 얻을 수 있다.

예컨대 앞서 말한 내담자 톰의 경우 상담을 통해 그가 아내와 함께 있을 때면 십대 청소년으로 돌아간 기분을 느꼈다는 사실을 발견했다. 평소 지배적인 아내의 태도가 톰의 아버지를 연상시켰기 때문이었다. 어릴적 톰은 아버지에게 단 한 번도 하고픈 말을 자유롭게 표현한 적이 없었다. 그럴 경우 언어 및 신체적 체벌이 가해질 것만 같아 두려웠기 때문이었다. 그러다 보니 톰은 최대한 아버지와의 접촉을 피하고 가장 기본적이고 꼭 필요한 사항에 대해서만 아버지와 대화를 나누는 전략을 세웠다. 톰은 아내를 통해 이런 투사가 일어났음을 인지한 순간에서야 자신의 아내를 명확한 시선으로 바라볼 수 있었다. 그의 이야기를 듣던 아내가 톰이 어린 시절 아버지와 있었던 일에 공감하자 그들은 다시 가까워졌다. 무슨 말을 하든 톰이 퉁명스레 받아칠 거라는 감정이 아내에게서 사라지자 아내의 말투가 한결 부드러워졌고, 지배적인 뉘앙스도 옅어졌다. 그리고 상냥해진 아내의 말투에 톰은 적절한 태도로 대처할 수 있었다. 적어도 상냥하고 부드러운 음색은 과거의 일을 상기시키지 않았기 때문이었다. 여러분도 완전한-나와 이 완전한-나의 공유 및 소통에 숨어 있는 힘이 무엇인지 깨달았는가?

이제 다시 자신에게 다음의 질문을 해본다.

• 나에게 중요하고, 인생에서 많은 시간을 함께 보낼 사람들과 완전한-나의 모습으로 살 수 있는가? 만약 그렇지 않다면, 그 사람과 있을 때 나는 정확히 어떤 사람인가?

· 나는 그런 모습이고 싶은가? 그런 역할에는 어떤 의미가 담겨 있는가? 그런 모습은 무엇으로부터 날 보호하기 위함인가? 완전한-나 자신의 모습으로 그 사람을 마주한다면 무슨 일이 벌어질까?

이로써 여러분은 완전한-나가 여러 자기성찰 질문과 수련에 계속 반복될 정도로 매우 중요하다는 것을 깨달았을 것이다. 그러므로 이 시점에 또다시 여러분을 상기시키고자 한다. 이 질문에 답하기 위해서는 디톡싱 단계의 신체 및 명상 기법을 활용하여 여러분의 완전한-나와 정기적으로 접촉하기를 권장한다. 완전한-나의 제스처 또는 상징적 자세를 기억한 뒤 시간이 날 때마다 여러분의 모습 그대로 환영받는 곳이라는 감정이 드는 장소에서 명상을 반복하며 수련한다.

당신을 위해 내가 할 수 있는 것은 무엇일까?

본딩 강화를 위한 두 번째 핵심 질문은 다음과 같다.

당신을 위해 내가 무엇을 할 수 있을까? 이 단계에서 우리는 본딩의 핵심 특성인 감정 이입 능력empathy을 강화하는 데 도움이 되는 방법을 접할 예정이다. 강점 이입이란 후천적 훈련이 가능한 정서 지능emotional Intelligence 영역의 유용한 능력 중 하나로 손꼽힌다.

정서 지능이란 자신과 타인에 대한 섬세한 인식으로 사고와 행동을 통해 적절한 결론을 도출하는 능력을 말한다. 주로 문제 해결 영역을 다룰 때 우리는 지능과 IQ 능력에 대해 논한다. 감정이입에 포함되는 EQ 능력은 문제해결 범주를 넘어선다. 그러기 위해서는 케어, 드라이브, 패닉 관점에서 접촉된-나가 필요하다. 관계를 형성하고, 명확한 시선으로 타인을 바라보고, 자신이 한 걸음 물러서게 하는 능력에 관한 것이기 때문이다. 그러므로 정서 지능이 높은 사람들은 주변인들의 감정 이입에 능할 뿐만 아니라 서로 제대로 접촉한 관계를 맺으며 살아간다. 연구 결과에 따르면 직장에서 전문지식이 풍부하지 않아도 전문지식에 비해 EQ가 낮은 다른 동료보다 성공하는 경우가 적지 않다고 한다.

감정 이입이란 평가하지 않고 의식을 따라 자각하는 것을 말한다. 타인이 나에게 어떻게 해줘야 한다는 생각을 뛰어넘은 타인에 대한 진지한 관심이라고 할 수 있다. 또한 자신이 중심이 되지 않고, 그냥 그곳에 있어 주는 것을 말한다. 감정 이입은 이 세상에서 무언가를 처음으로 발견한 아이처럼 우리 본능에 관

Chapter 5 자기 회복력 6단계 프로그램

심이 더해진 형태라고 할 수 있다. 아이는 그것이 옳은지, 잘못된 것인지, 아름다운지, 흉측한지, 선 또는 악인지 구분하지 못한다. 아이는 그저 그 대상에 관심을 보이는 것이 전부다.

관계에서 감정 이입 능력이란 상대가 왜 그렇게까지 됐는지 그 이유에 관심을 갖게 해준다. 그리고 그 입장에서 빠른 해결책이나 조언을 건네지 않은 상태로 상대의 감정과 욕구에 공감하게 만든다. 감정 이입을 시도할 때 우리의 퍼포먼스-나는 유독 드라이브 시스템을 자극하며 한 발자국도 떼지 말고 꾹 참고 있으라며 속삭인다. 특히 사람들이 흔히 하는 말 중에 자꾸 우리를 황당하게 만드는 말에서 그런 측면을 느낄 수 있다.

"나는 당신이 아무것도 하지 않았으면 좋겠어! 당신은 날 위해 그냥 가만히 거기 있어야 해!"

상대에게 공감하며 함께 있어 주는 능력이란 타인과 함께 하는 일상에서 명상 방석에 앉아 마음챙김 수련을 하는 것과 동일한 의미를 지닌다. 여러분과 진심으로 접촉했다고 느끼는 상대라면, 평소 여러분이 자신에게 얼마나 굉장한 일을 했거나 똑똑하게 말하는지 생각하지 않을 것이다. 이때 서로에게 의지하는 것인 만큼 여러분도 상대와 접촉해야 한다. 그 과정에서 상대는 여러분에게 느끼는 감정이 무엇인지 보여주며 두 사람의 결속을 굳게 다질 것이다.

그러므로 타인이 인생의 경로에서 성장을 위해 겪어야 할 감정을 빼앗지 않아야 한다. 여러분의 파트너가 무언가와 맞서야 하는 상황이라면 그냥 그 곁에 앉아 행복을 바라는 열린 시각으로 상대를 응시한다. 여러분의 아이들이 괴로워하거나 감정의 소용돌이에서 헤매고 있어도, 그냥 곁에 앉아 아이의 어깨에 팔을 둘러보자. 그리고 슬픔, 분노, 좌절감, 고통이란 감정을 느끼는 법과 삶의 일부인 그 감정을 억누르기보다 제대로 살펴볼 때 변화가 가능하다는 진리를 알려준다. 친한 친구의 곁에서 그가 맞서야 할 대상이 무엇인지 함께 지켜보며 여러분의 심장을 건드리는 부분이 무엇인지 보여준다. 퍼포먼스-나가 특정 책략으로 이를 훼방하게 두지 마라. 그냥 타인이 느끼는 감정의 증인이 되고, 여러분이 느끼는 감정의 증인을 곁에 둔다. 그것이 바로 감정 이입이고, 자기공감이다. 그냥 곁에 있어 주기. 그것이 여러분이 타인에게 무엇을 해줄 수 있느냐는 질문의 답이다.

명상: 그냥 있어 주기

자리에 앉아 자세를 똑바로 가다듬은 후 편안한 자세로 명상을 준비한다. 호흡과 접촉하지만 아직 두 눈을 감지 말고 뜬 채로 유지한다. 어떤 생각이나 감정이 지금 여러분을 지배하고 있다면, 이제 그 생각과 감정에게 나중에 다시 생각하겠노라고 말해본다. 지금은 문제를 풀고, 무언가를 고민하거나 특정 감정으로 정리하려는 것이 아니다. 지금은 잠시 아무것도 하지 않아도 된다. 지금은 스스로 그냥 그곳에 있는 것 외에는 아무것도 허용하지 않는다. 지금은 그냥 있는 것을 훈련하기 위해 지금-여기에서 여러분이 느끼는 모든 감각을 탐색할 것이다.

지금 여러분이 보는 모든 것을 인식해본다. 여러분의 눈은 무엇을 보고 있는가? 잠시 보는 것에만 집중하도록 노력해본다. 소음이나 다른 감각으로 주의가 산만해지면, 오롯이 눈에 보이는 것에만 주의를 돌려본다. 이제 다시 슬로우모션처럼 눈꺼풀을 의식하며 서서히 눈을 감는다. 그리고 눈을 감고 어떤 기분이 드는지 떠올려본다. 가능한 명상이 끝날 때까지 눈을 감은 상태를 유지한다.

이제 무엇이 들리는지 의식을 귀에 집중해본다. 귀를 통해 무엇을 인식할 수 있는가? 여기에서도 듣는 것에만 집중하려고 시도한다. 다른 감각 기관의 인상이나 생각으로 주의가 산만해지면, 소리에만 집중하며 여러분의 주의를 전부 그곳에 기울여본다. 여러분한테서 들리는 소리는 무엇인가? 아주 가까이에서 들리는 소리는 무엇인가? 먼 곳에서 들리는 소리 그리고 더 멀리 떨어져 있는 곳에서도 소리가 들리는가? 이 명상 과정에서 들리는 모든 소리를 평가하지 않고 중립적인 자세로 인식하도록 노력한다.

지금 이 순간 느껴지는 냄새가 있다면 무엇인지 인식해본다. 여러분에게 느껴지는 특정 냄새가 있는가? 여기서도 중립적인 입장에서 관찰하며 최대한 아무런 평가도 내리지 않는다. 후각을 통해 느껴지는 감정은 무엇인가? 그리고 이제 어떤 맛이 느껴지는지 의식해본다. 여러분의 입안에 느껴지는 맛이 있는가?

이제 여러분의 주의력을 몸이 닿은 방석이나 의자로 유도해본다. 최대한 움직이지 않고 이를 수행한다. 그리고 신체의 어느 부위가 어디에 닿는지, 가벼운 압박감이나 접촉이 감지되는지 인식해본다. 여러분의 눈꺼풀이 눈가에 닿는 느낌을 느껴본다. 입술이 서로 맞닿은 감촉은 어떠한지, 팔뚝의 어느 지점이 상체와 접촉하고 있는지, 여러분의 손이 무엇에 닿아 있는지, 혹시 등이 의자에 닿아 있는지, 엉덩이와 허벅지가 쿠션에 닿아 있는지, 발바닥이 땅에 접촉하고 있는지 천천히 의식해본다. 그리고 이제 여러분 몸 전체가 지금 어떻게 앉아 있는지 의식하며 그냥 그 자리에 있는 감각을 느껴본다.

들숨에 '나는' 그리고 날숨에 '이곳에 있다'고 생각한다. '나는-

이곳에 있다. 나는-이곳에 있다. 나는-이곳에 있다.' 잠시 몇 분간 호흡에만 집중한다.

이제 여러분이 사랑하고, 좋아하거나 호감을 느끼는 사람을 생각한다. 그들이 지금 앞에 앉아 여러분을 바라보고 있다고 상상한다. 마음속으로 차분히 또는 소리 내어 말해본다.

"그 사람에게도 나와 똑같이 몸과 정신이 있습니다."

"그 사람에게도 나와 똑같이 감정과 생각이 있습니다."

"그 사람도 살면서 나와 똑같이 슬프고, 실망하고, 화난 적이 있습니다."

"그 사람도 살면서 언젠가 나와 똑같이 상처받고, 혼란스러웠던 적이 있습니다."

"그 사람도 살면서 언젠가 나와 똑같이 신체적, 정신적 고통을 겪었습니다."

"그 사람도 나와 똑같이 고통과 슬픔에서 해방되고 싶어합니다."

"그 사람도 나와 똑같이 건강하고, 더불어 충만한 관계를 원합니다."

"그 사람도 나와 똑같이 행복하고, 사랑받고 싶어합니다."

이제 그 사람을 위한 소망과 기원을 소리 내어 말해본다.

"부디 그 사람이 행복해지기를,

모든 잠재력을 펼치고, 자신과 접촉되어 확신을 갖을 수 있기를,

인생의 힘든 역경을 헤쳐나갈 힘이 있기를,

고통과 번뇌에서 해방될 수 있기를,

있는 모습 그대로 사랑받고 소중히 여겨지기를,

인생에서 믿을 수 있는 사람을 만나기를

인생에서 그/그녀를 위한 좋은 장소가 허락되기를,

그/그녀가 즐거움과 관심으로 현존하고 자신의 행동에서 의미와 성취감을 찾기를 기원합니다."

이제 그 사람과 그냥 함께 앉아 있는 모습, 딱히 아무것도 하지 않아도 상대와 제대로 접촉한 여러분의 모습, 그 사람에게 좋은 일만 일어나기를 기원하며 그냥 함께 있는 모습을 의식하며 연상해본다.

다시 몇 차례 심호흡을 하고 마음속으로 상대와 헤어지는 모습을 떠올리며 주의를 지금 여러분이 있는 장소로 옮겨 본다. 그리고 이제 천천히 눈을 뜬다.

5단계 바운딩BOUNDING:
나만의
적정 거리
찾기

적절한 경계를 설정하려면 어떻게 해야 하는가?

사람은 위기에 처하고 목적을 상실한 상황에 부닥치면 무력감에 빠진다. 그리고 버거운 요구에 의해 퍼포먼스-나의 방식으로만 사고하고, 느끼고, 행동하게 된다. 이러한 비상 상태에 나타나는 반응은 거의 다음과 같다.

첫째. 바닥에 두 발을 굳건히 지탱하고 서 있는 기분이 전혀 들지 않는다. 그래서 항상 불안하고 불안정하다. 이는 그라운딩이 사라지는 현상이다.

둘째. 어느 순간 그 누구도 나를 이해하거나 도울 수 없을 것 같은 감정에 빠져 주변 사람들에게서 한 걸음 물러선다. 이는 본딩이 사라지는 현상이다.

셋째. 경계선을 더는 지탱하지 못할 것만 같은 기분이 든다. 사소한 것마저 지나치지 못하고 정색하거나 자신을 완전히 차단하고, 솔직히 그럴 필요가 없는 곳까지 선을 긋는다. 이는 바운딩이 사라지는 현상이다.

은연 중에 모든 것을 놓아버리려 하거나 혹시 지나치게 공격적인 것은 아닌지 스스로 확신하지 못하는 순간에는 퍼포먼스-나가 딱히 유용한 도움이 되지 못한다. 그것은 위기에 처했을 때 슬기롭게 대처하는 데 필요한 특성이 그라운딩, 본딩, 바운딩 바로 이 세 가지이기 때문이다. 무력감과 지나친 부담과 같은 감정이 덮칠 때 여러분에게 필요한 것은 심적 안정감과 믿음이다. 그리고 여러분이 흔들리는 상황에서는 타인과의 접촉과 지지가 매우 중요해진다. 근본적으로 여러분이 처한 위기란 지금까지 매일 부딪쳐야 하는 과제를 아무 생각 없이 해결하기 위해 자신의 인생에 세운 메커니즘이 제대로 작동하지 않는 상황에 불과하기 때문이다. 그리고 여러분 자신뿐만 아니라 여러분이 사용하던 옛 전략과 가능성에서 새로운 방법을 찾기란 절대 불가능하다. 그러므로 여러분에게 필요한 것은 아예 다른 방식이다. 즉, 여러분에게 새로운 자극이나 도움을 줄 누군가가 필요하다.

이러한 누군가의 도움과 새로운 자극이 여러분에게 제때 제대로 닿으려면, 이번에도 여러분 자신을 스스로 차단하지 말아야 한다. 더 나아가 위기의 순간이 왔을 때 건강한 방식의 위기 설정이 가능해야 한다. 새로운 도움이 닿도록 충분히 개방되어 있어야 하고, 더는 누구도 여러분에게 부당한 요구를 하지 못하도록 적절히 닫혀 있어야 한다.

치료사로서 나는 경계 설정 능력에 관한 상담을 원하는 내담자들과 지속적인 만남을 이어왔다. 그들은 타인이 지나치게 가깝게 다가오는 것을 불안해했으며, 평소 받기보다 주는 것이 더 많은 것 같은 심정이라고 토로했다. 상담 주제는 종종 직장에서의 경계로 이어지기도 했다. 나와 상담을 나눈 내담자들 중 많은 사람들이 직장에서의 나에 관한 문제와 마주할 때마다 그것을 적절히 차단하지 못하는 기분이 든다고 고백했다. 그들은 그렇게 일에 관련된 주제를 사생활에서의 나로 가져가는 일이 정기적으로 반복됐다.

앞서 디톡싱 단계에서 언급한 바 있지만, 원래 난 일 상자와 삶 상자로 우리의 성향을 구분하고, 분류하는 것을 선호하지 않는다. 경험상 이런 인위적인 경계 설정은 그 자체를 수용하며 지원하는 것보다 훨씬 더 많은 에너지를 소모한다.

'이제는 직장에서도 경계를 더 명확히 설정하는 것을 배워야 할 때야!'
'여가 시간에는 일에 대한 것은 단 한 마디도 듣고 싶지 않아!'
'내가 일하는 환경에서 완전히 벗어났을 때만 스위치를 끌 수 있어!'
'이제 자주 '아니오'라고 말하는 것을 배워야겠어!'

힘든 일에 지쳐 좌절한 퍼포먼스-나를 통해 우리 내면에서 절박한 음성이 튀어나온다. 특정 행동으로 자신을 힘들게 하는 무리한 요구를 제거하거나 감지하지 않으려고 안간힘을 다해 노력한다. 그 이면에 숨은 진의는 무엇일까? 그리고 우리 경계를 위협하는 무언가 나타날 때마다 퍼포먼스-나가 직접 뛰어나와 경고하는 이유는 무엇일까? 바로 통제력을 상실하는 것에 대한 두려움 때문이다.

사람은 본인의 인생을 스스로 통제하기를 바란다. 무언가 낯설다고 느낄수록 우리는 좌절한다. 자신의 삶에 아무 발언도 하지 못할 것 같은 기분이 들기 때문이다. 자기결정과 통제를 향한 소망에 있어 자율성을 보장하고 이를 보호하는데 드라이브와 패닉이 매우 중요한 역할을 한다. 그렇지만 필사적으로 삶을 통제하려고 시도하고, 혹사하거나 갑작스러운 돌발상황에 유연하게 대처하는 데 실패하면서 우리는 결국 퍼포먼스-덫에 빠지고 만다. 이것은 항상 모든 것을 제대로 하고 싶은 마음 때문이다.

케어 시스템은 통제와 자기결정을 향한 욕구에도 매우 중요한 구성요소이다. 우리가 무엇을 어떻게 선택하고 싶은지, 또는 제어하고 싶은지에 따라 의식적인 선택이 가능하도록 행동 범위를 크게 구축하는 역할을 맡고 있다. 그리하여 퍼포먼스-나에 빠져 두려움에 사로잡힌 상태에서 자신의 경계를 성급하게 설정하는 실수를 방지한다. 또한 접촉된-나와 연결하여 차분하고 편안한 상태로 접근한다. 이런 방식을 통해 우리는 타인의 경계를 알아차리고, 존중하는 방법을 터득한다. 예컨대 자신의 접촉된-나를 통해 편안한 상태에서 '예' 또는 '아니오'라고 확실히 대답하는 사람은 목소리만 크고, 히스테릭한 사람보다 훨씬 믿음직하고 침착한 사람으로 보인다.

경계

의식적인 경계 설정 방법을 자세히 살펴보기에 앞서, 우선 경계라는 의미를 명확히 짚어보는 것이 중요하다고 생각한다. 자신의 '경계'를 논할 때 경계란 정확히 무엇을 의미하는 것인가? 나는 사람들이 이 개념을 제대로 정의하지도 못하는 상태에서 아무 생각 없이 이 용어를 사용하는 모습을 자주 목격했다.

"뭐, 아시잖아요. 경계란 뭔가 버거워지고, 주머니가 탈탈 털리고, 뭔가 좀 예민해지고, 누군가 너무 지나치게 다가오면서 내가 그어놓은 선을 전혀 존중해주지 않는 것 같은 거죠."

하지만 그런 정보만으로는 그들이 말하는 실질적인 의미를 납득하기에 부족했다. 이를테면 그 이야기를 들으면서 무언가가 과해지면 그 사람이 어떻게 되는지, 모든 것을 태워버릴 정도의 감정을 느끼려면 정확히 무슨 일이 일어나야 하는 것인지, 또는 상대에게 너무 부담스러울 정도로 다가가지 않으려면 무엇을 주의해야 하는지 나는 도무지 알 수가 없었다. 경계와 그 개념에 대한 실제 이해도가 미흡하면 대인관계에서 종종 미궁 속으로 빠져든다. 정확히 무슨 의미인지 스스로조차 정의하지 못하는데, 어떻게 타인이 우리의 경계에 대해 생각하고 이를 존중할 수 있겠는가? 그리고 실제로 자신의 경계가 무엇인지 모르는 상태라면, 그것을 의식적으로 다루거나 적절하게 설정하는 일에 실패하는 것은 필연적이다. 그러므로 바운딩의 첫 번째 훈련을 시작해보자.

나에게 있어 경계란 무엇을 의미하는가

자신의 경계에 대해 떠오르는 것들을 정의해본다.

- 여러분의 의식 속에서 사생활의 경계를 넘는 존재가 있다면 무엇인가? 다른 사람과의 접촉에 이러한 경계가 필요하다고 생각하는 이유는 무엇인가?

앞으로 '경계'라는 용어로 개인 및 대인관계적 맥락에서 이해할 수 있는 몇 가지 예시를 소개하려 한다. 여러분이 이 주제를 탐구할 때 다음의 예시가 유용한 팁이 될 수 있을 것이다.

나에게 있어 경계란 쉽게 말해 뭔가의 사이에 위치한 지각 공간을 의미한다. 서로 성질이 다른 두 가지 요소 사이에 위치한 이 공간은 서로 경계를 맞대고 있는 동시에 서로 마주하고 있다. 다시 말해, 서로의 경계를 설정하기 위해 접촉하고 있는 것이다.

그리고 그 사이에 위치한 이 지각 공간은 동적이며 언제라도 변할 수 있다.

유기체는 경계를 통해 환경을 마주한다. 예컨대 공기에 닿은 여러분의 피부, 한 손과 다른 한 손의 접촉, 치아에 닿은 음식, 귀에 닿은 타인의 말, 업무 과제, 배우자 또는 가족과 접촉한 여러분의 모습처럼 각각의 상호작용을 일으킨다. 그 경계선이 바로 지각의 공간이다. 만약 두 사람이 이 경계에서 만난다면 이 공간에 있는 두 사람의 지각이 그 중점이 된다. 이러한 감각은 고정적이지 않을 뿐만 아니라 상황에 따라 역동적으로 바뀌기도 한다. 나는 이것이 매우 중요한 핵심 포인트라고 생각한다. 여러분을 위한 적절한 경계를 발견하려면 통찰력, 좀 더 설명하자면 이 만남에서 여러분이 느끼는 감각과 상대의 감각 그리고 이 경계를 상황에 따라 변화시키는 유연성이 필요하다. 그러므로 단둘이 있을 때 용납 가능한 지극히 사적인 질문의 대상이 회의시간의 여러 동료들이 된다면 상대에게 몹시 선을 넘는 무례한 질문이 되기도 한다.

여러분이 자신의 지각 상태를 제대로 파악하고 있다면, 다시 말해 자신을 제대로 파악하고, 행동의 동기를 자각하고 있을 때 거기에 훈련을 통해 자각과 환경에 대한 감정 이입이 가능해지면 여러분 자신과 타인의 경계에 대한 직감이 형성된다. 이런 직감은 앞으로 무슨 일이 벌어질지 그리고 무엇이 필요한지 이해할 때 도움이 된다.

여러분과 타인의 경계를 알아차리는 직감을 키우려면 알아차림, 자각 그리고 감정 이입 능력이 필요하다.

지난 단계에서 별도로 자세히 언급하지는 않았지만, 여러분의 바운딩을 위해 다양한 연습을 시도했다. 알아차림과 감정 이입 능력 연습에도 불구하고 이 영역의 감각이 부족하다고 느끼는가? 그렇다면 그것은 여러분의 경계 또는 타인의 경계에 대해 좀 더 배워야 하는 상황에 부딪쳤기 때문일 것이다. 그럴 때 자신에게 이런 질문을 던져볼 수 있다. 경계에 위치한 그 공간에 정확히 무슨 일이 벌어지고 있는가? 타인과의 만남에서 내게 허락된 수단으로 만족스럽게 해결하지 못하는 부분은 무엇인가? 그것이 문제가 되는 이유는 정확히 무엇인가?

이 질문에 대답하려면 더는 적당한 방식만으로 여러분의 경계를 지켜내지 못한다는 감정이 밀려들 때 자신에게 무슨 일이 벌어진 건지 파악할 수 있어야 한다.

나의 내담자였던 로버트와 쿠퍼 역시 자신의 경계를 좀 더 제대로 다루는 능력과 그 이면의 메커니즘을 이해하고 싶어했다. 서로 상반된 모습을 지닌 두 사람이었지만 나를 찾아온 당시 퍼포먼스-덫에 빠져 있었다는 공통점이 있었다.

로버트는 베를린 출신의 영화제작자이고, 쿠퍼는 캘리포니아 출신의 소셜 미디어 전문가이다. 로버트의 아내는 '이기적인 면을 줄이고 타인에 대한 관심(특히 부인에 대한 관심) 갖기'라는 주문과 함께 남편을 상담 치료에 보냈다. 인생에서 의기소침해지는 에피소드가 계속 반복되는 탓에 당시 로버트는 몹시 지친 상태였다. 로버트는 아내가 바라는 요구사항을 표현할 때 좀 더 '상냥하게' 대하고, '상대에게 세우는 벽이' 제발 좀 나아지기를 바란다고 말했다. 아내와 거리가 벌어지지 않기를 바라느냐고 묻는 나의 질문에 로버트는 예상대로 상반된 두 가지 반응을 보였다. 아내를 몹시 사랑하는 그는 아내의 마음을 잃지 않으려면 무엇이라도 해야 한다는 것을 깨닫고 있었기에 나와의 상담에 응했다. 하지만 반대로 여기에서 더 많은 친밀감을 허용하면 본인의 자주성을 상실할까 봐 우려하는 마음도 매우 컸다. 그래서 두 시나리오 중 무엇이 그에게 약 또는 독이 될지 쉽사리 결정하지 못했다. 로버트는 그의 경계를 느슨히 풀면 자주성을 상실할까 봐 두려워했고, 다른 한편으로는 지금까지 하던 대로 계속 거리를 두면 아내의 마음을 완전히 잃어버릴까 봐 우려했다.

반면 쿠퍼의 문제는 로버트와 정반대였다. 그는 언제나 모두를 만족시키고 싶어 했다. 그렇다 보니 종종 여인에게서 영혼 없이 대답하는 '예스맨' 말고 '진실된 상대'를 원한다는 말을 듣곤 했다. 얼마 지나지 않아 자신의 욕구, 감각, 경계와 접촉이 제대로 이뤄지지 않음을 깨달은 쿠퍼의 연인은 그들의 연인관계에 점점 관심을 잃어갔다. 쿠퍼는 상대의 욕구에 지나치게 공감하며 자신의 존재를 지나치게 억눌렀다. 결국은 마치 자신의 존재 자체가 사라지는 것 같은 기분에 빠져들기도 했다. 쿠퍼는 이미 수년째 다양한 공포에 짓눌렸다. 그리고 또 다른 여성이 앞서 언급한 이유로 그를 떠난 후 쿠퍼는 날 다시 찾아왔다.

완전히 상반된 유형인 로버트와 쿠퍼는 각기 힘들어하는 증상도 달랐지만 근본적인 문제는 동일했다. 두 사람 모두 깊은 내면에 숨은 제 모습이 어떠한지 전혀 짐작도 하지 못했고, 퍼포먼스라는 가면을 쓰고 본인의 진면목을 숨겨놓았다. 한 명이 오롯이 저만 생각하는 터프한 카우보이라면 또 다른 한 명은 누구도 상처 입히지 않고, 자신을 위한 요구는 절대 하지 않는 순진한 어린양이었다. 두 사람은 지금까지 그들의 행동이 일정 부분 무의식적인 두려움에서 비롯됐다는 사실도, 어떻게 하면 자신을 잃어버리지 않고 타인과 접촉할 수 있는지 그 방법도 전혀 깨닫지 못했다. 로버트의 경우 불필요한 장벽을 허무는 것이 상담 치료에서 해결해야 할 첫 과제였다. 반면 쿠퍼는 그만의 경계에 접근하는 것이 핵심이었다. 내가 그들을 각각 자신과 연결하는 과정에서 두 사람은 접촉된-나를 찾아야만 했다.

'정원 울타리' 유형

내가 경계 주제를 연구하며 건강한 경계 설정에 몰두하던 지난 수년 동안 나는 나 자신과 내담자들을 위해 유용한 은유 기법인 '정원 울타리'를 고안했다. 여기서 나는 경계와 관련하여 두 가지 유형의 사람들이 있다고 전제했다. 로버트와 쿠퍼가 바로 그 전형적인 사례라고 할 수 있다.

로버트의 사례라고 할 수 있는 유형1은 집 주변으로 커다란 정원 울타리를 친다. 높고, 안정적인 이런 울타리는 매력적인 경우가 많았으며, 마음을 끄는 형태로 장식되어 있다. 멀리에서 부터 눈에 띄는 이 세련된 울타리 뒤에는 무엇이 있을지 사람들의 호기심을 자아낸다. 유형1은 의식적으로 외부의 접근을 막으려 울타리 문의 바깥쪽에 구멍을 뚫고 손잡이를 안쪽으로 설치했다. 그리고 그 자신만이 울타리 문의 열쇠를 소유하고 있다. 때때로 유형1은 집 안에서 창문을 통해 아름답고 높게 뻗은 울타리를 바라보며 종종 자신이 이곳에 왜 이렇게 혼자 있는지 의아해하고, 저 멀리 아름다운 정원 울타리에 대해 시끌벅적 떠드는 사람들의 소리가 들려올 때면 저들이 바라는 의도가 무엇인지 궁금해하곤 했다. 하지만 어떤 경우에도 자신의 울타리 안으로 들여보내는 건 생각조차 하지 않는다.

유형1의 치료 과정은 내가 치료사의 입장에서 그 울타리 앞에 정중히 앉아 편안한 자리를 찾아야 하기 때문에 때로는 오랜 시간이 소요된다. 유형1이 그 문을 열 마음의 준비를 마칠 때까지 한참이 걸릴 수도 있기 때문이다. 그때까지 우리는 정원 울타리를 사이에 두고 인터폰으로만 의사소통을 한다. 내가 그보다 가까이 다가가는 걸 상대가 허락하지 않기 때문이다. 내가 원하는 것 또한 로버트의 아내과 그리 다르지 않다. 하지만 남편이 자신의 욕구를 보듬어주는 데 관심이 있는 로버트의 아내와 차이점이 있다면, 그의 치료사인 내 입장에서는 애당초 로버트가 그런 식으로 거리를 두고 싶어해도 그리 비극적으로 받아들이지 않는다는 것이다. 그렇기에 우리는 이 견고한 울타리가 도대체 왜 필요한 것인지, 그리고 시간이 흐르면서 그 필요성이 전개된 과정을 함께 조사할 수 있다.

대부분의 유형1은 인생의 어느 시점에서 오롯이 자신과의 밀접한 접촉을 유지하는 것이 훨씬 안전하다는 경험을 했을 것이다. 아마 그 문을 열었을 때 타인에게서 상처를 받은 경험이 있기 때문이다. 그러므로 종종 무력감, 무방비, 고통, 슬픔, 수치와 같은 부정적인 감각이 동반되는 그런 경험을 절대 사양하고 싶어 한다. 따라서 그는 대인 관계에서 이러한 감정에 얽히지 않도록 총력을 기울인다. 결국 그 과정에서 타인과의 진실되고 친밀한 접촉을 포기한다. 하지만 이는 인생에서 성장하고 연결된 감정을 느끼는 데 필수인 요소다. 유형1은 자신과의 접촉으로 부족한 친밀함을 채워보려 하지만 충족되지 않는다. 그러므로 계속 공허함을 느끼고, 때로는 우울증에 이르기도 한다. 본딩을 향한 소망 그리고 사랑과 관심을 바라는 갈망은 유형1의 내면에도 자연스러운 욕구로 피어오른다. 그리고 그렇게 스스로 고립시킨 담벼락 아래서 종종 신체적 혹은 심리적 증상의 형태로 제 의견을 표출한다.

지난 단계에서 살펴본 본딩의 관계유형 중 회피형을 기억하는가? 정원 울타리 은유 기법의 유형1은 회피형과 견줄 만하다. 다가올수록 겁을 먹는 이런 유형은 오케이 신호 없이, 가까이 다가가면 갈수록 울타리를 더욱 견고하게 쌓고, 울타리 문 앞에서 여러분을 내쫓는다.

반면 쿠퍼의 사례라고 부를 수 있는 유형2는 애착유형의 두려움형과 유사하다. 집이 딸린 큰 땅을 소유한 이 유형은 많은 애정과 에너지를 집에 모조리 쏟아붓는다. 그래서 날마다 집 주변에 울타리를 치는 일을 잊어버린다. 집에 해야 할 일이 많이 쌓여 있다고 생각하는 터라 울타리에 쓸 시간과 에너지가 늘 부족하다고 느낀다. 유형2는 곁에 있는 많은 사람들이 그 집에 머무는 것을 좋아한다. 그러다 보니 유형2를 찾는 방문객도 많다. 때때로 집이 미어터질 정도로 찾아오는 사람들이 무례하다고 생각하기도 한다. 하지만 그가 무엇보다 가장 이해할 수 없는 문제는 왜 자신의 파트너가 집 주변에 울타리를 치지 않는가 하는 것이다. 자신의 소망을 제대로 알고 있다면 그것을 실현해줄 법도 한데 말이다.

유형2의 치료과정은 유형1보다 단연코 훨씬 수월하지 않다. 유형1이 경계와 관련하여 건강한 거리 설정을 배워야 한다면, 유형2는 거절에 대한 두려움으로 주눅들지 말고 타인과의 건강한 거리를 경험하는 법을 배우는 것이 관건이다.

유형2는 경계로 인한 상처와 관련하여 인생에서 쓴 맛을 경험한 적이 있다. 그리고 아마도 관계 자체에 대한 의심을 하지 않은 것은 물론 자신이 사라지지 않아도 서로에게 거리두는 것이

가능하다는 것을 경험해보지 못했을 것이다.

　이런 유형일수록 상대와의 관계에서 각자 자유가 필요하다. 그리고 서로의 생각, 욕구, 소망이 같지 않아도 된다는 것을 배우는 것이 도움이 된다. 두 사람의 관계에서 상대와 다를 수 있는 자유와 자신만의 방식을 고수할 기회가 주어지지 않는다면 그것은 의존이지 관계라 할 수 없다.

　이러한 유형2의 적응 책략은 분명 어린 시절에 자신을 효과적으로 보호하는 유일한 수단이었을 것이다. 한때는 효과가 있었겠지만 나중에는 오히려 해롭기만 하다. 게슈탈트 심리 치료에서는 성인이 된 후 노이로제로 연결되는 이러한 책략을 창조적 적응이라고 부른다. 나는 이 용어를 몹시 좋아하는 편이다. 왜냐하면 해당 행동양식을 유기체가 환경에 적응하는 창조적인 결과물로 설명하기 때문이다. 따라서 우리가 특정 행동양식을 보인다면, 그것은 우리가 미쳤거나, 정신적으로 아프거나, '정상'이 아니기 때문이 아니라 그런 방식 외에 달리 방법이 없기 때문인 것이다. 적응을 요구하는 압박이나 외부의 영향력이 스스로 자신의 길을 개척하려는 개개인의 힘보다 강할 때, 심리적으로 살아남으려면 순응하며 적절하게 대처해야 한다.

　특히 슬픔과 고통에서 벗어나거나 이런 감정에 대처하는 창조적 적응의 전문가가 바로 아이들이다. 하지만 성인이 되고 나면 이러한 창조적 적응의 필요성은 사라진다. 오히려 타인을 받아들이려 할 때 역효과를 일으키기도 한다. 과거의 창조적 적응은 성인이 된 우리의 고정관념이 되어 융통성을 앗아가고, 겁에 질려 행동하게 만든다. 하지만 이미 성인이 된 우리에게는 일반적으로 각자의 생존을 감당할 능력이 생겼다. 그러므로 아무리 과거에 유용했던 생존전략이라도 그중 일부는 아예 쓸모도 없어지는 것이다. 그런 우리에게 이제 필요한 것은 현재의 요구사항에 걸맞은 창조적 전략과 새로운 접근방식이다.

지금쯤이면 자신이 정원 울타리 유형 중 어느 유형에 해당되는지 여러분은 눈치챘을 것이다. 로버트와 같은 유형1인가? 아니면 쿠퍼와 같은 유형2인가? 이제 자신에게 꼭 맞는 경계를 인식하고, 설정하는 데 도움이 될 다섯 가지 연습을 소개하겠다.

정원 울타리 유형1 연습

나의 경험에 비춰보면, 정원 울타리 유형1은 뜻밖의 사건을 그리 두려워하지 않았다. 여기서 뜻밖의 사건이란 당장 일어난 일을 스스로 통제하지 못하고, 여러분이 느끼는 대로 혹은 행동하고 싶은대로 미리 계획하지 못하는 상황을 말한다. 여러분이 유형1처럼 인생에 타인의 영향력이 들어설 공간이 없는 편이라면 즉흥적인 사건이 일어날 공간도 그만큼 적을 것이다. 극적인 가정을 해보겠다. 만약 유형1인 여러분이 실제로 자신에게 스스로 (완전히) 영향력을 행사하지 못하는 상황에 부닥치면, 극심한 두려움에 빠진다. 그리고 어떻게든 최대한 빨리 그 상황에서 벗어나려 애쓰거나, 아예 애초에 그런 상황에 빠지지 않으려고 노력한다.

정원 울타리 유형1인 그 남자가 새로 사귄 연인이 울타리 밖 문 뒤에서 이런 소식을 전하는 모습을 상상해보자.

"자기야, 앞으로 이렇게 복잡하게 만날 필요가 없도록 오늘 내가 울타리 문 열쇠 복사를 맡겼어! 그래서 오늘 내가 근사한 저녁식사로 자기를 놀라게 해주려고. 그러니까 지켜봐 줘!"

유형1인 그에게는 당장 그 순간이 호러 영화의 한 장면이 실현된 것이나 다름없다. 예기치 못한 상황이 자신을 어떻게 만들지 감지하기도 전에 모든 방어메커니즘을 작동시킨다(열쇠 반납 요구, 겁에 질렸어도 냉담하게 굴기, 그대로 연인을 내쫓거나 대화 거부, 연인이 전화를 해서 도대체 무슨 일인지 알고 싶어 해도 연락 두절 등), 그런 식으로 자신의 경계가 몹시 침해당했음을 강하게 표현한다.

내가 유형1을 위해 준비한 도전과제는 미처 예측하지 못한 돌발상황이 일어났을 때 즉각적인 반응을 보이지 않는 것이다. 경계가 훼손된 것을 인지한 순간 추후에 의식적으로 반응하려면, 그 순간 만큼은 자신에게 무슨 일이 일어났는지 정확히 인식하는 과정이 선행되어야 한다. 물론 그의 연인이 그에게 알리지도 않고, 열쇠를 복사한 일을 잘했다고 생각하라는 말이 아니다. 하지만 즉각적인 반응을 그대로 표현하는 것을 참는다. 그 상황에 반응하기 전에 내면에 떠오른 감정을 전부 감지한 후 다음과 같은 질문을 스스로 던지며 의식적인 반응을 찾는 것이다.

'지금 평소 내가 했을 행동과 조금 다른 식으로 반응할 수 있을까? 곧바로 통제하려 하지 않고, 새로운 방식이 스며들 공간을 조금이라도 허용할 수 있을까?'

유형1에게 있어 경계를 침범당하는 상황이란 사랑, 관심처럼 자신의 내면에서 기분 좋은 감정과 마주해야 하는 순간이라고 할 수 있다. 대부분 그런 상황에 준비가 되어 있지 않은 상태, 즉 즉흥적으로 상대를 만나면 제대로 대처하지 못하기 때문이다.

로버트의 치료과정에서 내가 선택한 치료 방법 중 하나는 그를 깜짝 놀라게 만드는 것이었다. 예컨대 갑자기 그의 말을 끊는다거나 또는 그의 말이 내게 어떤 감정을 일으키는지 또는 그의 행동에 지금까지 누구도 미처 하지 않아 전혀 예상 범주에 없는 피드백을 건넸다. 그리고 이렇게 예기치 못한 작은 순간들이 쌓일 때마다 이런 새로움이 로버트에게 어떤 변화를 일으키는지 관찰할 수 있었다. 그 짧은 순간 만큼은 로버트도 아무런 생각도, 제대로 된 계획도, 미리 준비해놓은 경계도 없었다. 그리고 로버트에게 정확히 그 순간이 자신과 그가 살고 있는 세상에 관련된 새로움을 배우는 매우 귀중한 순간이었다. 나와 접촉하는 즉흥적인 만남에서 이런 새로움이 늘어났다.

매일 새로운 것!

여러분의 삶에 새롭고 즉흥적인 일을 위한 공간을 마련한다. 일정 기간 동안 매일 새로운 일을 시도해보자.

평소 인사만 간신히 하던 이웃과 두 문장 이상의 대화를 나눈다. 엘리베이터 대신 계단을 이용하라. 여러분이 일하는 공간의 세부사항을 면밀히 살펴본다. 점심에 평소와 다른 것을 먹는다. 여자친구 또는 남자친구에게 스케줄을 전부 세워놓지 말고 즉흥적으로 하는 데이트를 계획해보자고 제안하거나 예전에 퇴짜 놓은 아이디어에 스스로 '예스'라고 답해보자.

그런 뒤 새롭거나 즉흥적인 상황과 마주했을 때 내면에 무슨 일이 벌어지는지 느껴본다. 마음속으로 '그만'이라고 외치며 자동으로 실행되는 즉각적인 반응을 억눌러본다. 대신 몇 차례 심호흡을 하며 여러분의 신체와 접촉하고, 여러분의 신체가 이런 돌발상황에 어떻게 반응하는지 살핀다. 여러분은 지금 무엇을 느끼는가? 혹은 기분은 어떠한가? 마음 속으로 그라운딩, 본딩, 바운딩을 되뇌여보라. 이런 상황에 대처하는 가장 좋은 방법은 여러분 자신을 그라운딩하고, 주변 사람들과 접촉한 상태에서 당장 어디까지의 경계 설정이 필요한 것인지 검증하는 것임을 떠올린다.

가까이에서 실험하라

특정 사물 또는 대상이 지나치게 가까이 다가올 때마다, 즉 여러분의 경계 부근의 감각에 꿈틀거리는 기색이 감지되면, 가장 먼저 정확히 관찰하려고 노력한다.

두려움이 느껴지는 건 언제부터인가? 그와 관련되어 떠오르는 기억이 있는가? 해당 상황 혹은 상대를 경계하며 예민하게 반응할 필요가 있는가? 아니면 조금 더 가까이 접근하게 두거나 여러분이 직접 그들을 향해 한 걸음 다가갈 생각이 있는가?

상대와의 거리를 감안하며 계속 실험해보자.

자신을 향해 웃어보자

자신을 향해 웃을 수 있는 단계에 이르렀다면, 우리는 한 단계 더 발전한 것이다. 유머에는 놀라운 변화의 힘이 깃들어 있다. 그리고 이는 모든 사람에게 적용된다. 특히 나의 경험에 비춰보면, 유독 정원 울타리 유형 1이 그러했다. 유형 1이 자신을 향해 웃어줄 여유가 생긴 순간 엄청난 폭의 자기발전을 이뤄냈다. 일반적으로 자신이 처한 상황이 심각하게 위협되지 않아야 비로소 인생, 감정 및 행동에 대한 유머가 발동된다. 고통이 가득한 경험을 겪은 사람은 그러한 인생에 대처하기 위한 자신만의 책략을 고안한다.

습관적으로 자신의 경계 주변을 몹시 거친 태도로 방어할 때 이 훈련을 시행한다. 잠시 모든 것을 멈추고 자신에게 싱긋 미소짓거나, 더 나아가 웃어주는 것이 가능한지 확인하도록 권장한다.

어떻게든 자신의 경계를 지키는 것이 우선인 여러분이라면 당장 무엇부터 할 것인지 떠올려본다. 그리고 자신을 그린 캐리커쳐 그림처럼 머릿속으로 지키려 애쓰는 여러분의 모습을 과장하여 떠올려본다.

상담 과정에서 이 연습을 시도했을 때 로버트는 얼마 전 아내가 불쑥 즉흥적인 단기 여행을 제안했던 상황을 떠올렸다. 아내가 갑자기 여행을 가고 싶다고 하자 전혀 예상치 못했던 그는 깜짝 놀랐었다. 평소 그의 계획이나 방식에 미뤄보면 절대 불가능한 일이었다. 이에 나는 로버트에게 그때 그가 어떤 식으로 반응했는지 다소 과장된 형식으로 설명해달라고 요청했다. 로버트는 마침표와 쉼표 하나 없이 평소보다 두 배는 빠른 속도로 말했다. 그리고 양손을 거칠게 흔들며 계속 무릎을 탁 치고 짜증이 난 것처럼 연신 콧등을 찌푸렸다. 로버트가 그런 식으로 그가 했던 행동을 과장하자 그 모습에 우리 두 사람은 웃음을 터트릴 수밖에 없었다. 동시에 로버트는 자신이 했던 그런 행동이 전부 아내와의 거리를 좁히는 것을 부담스러워하는 마음에서 비롯됐다는 것을 확실히 깨달았다. 그 이후 로버트는 아내와 비슷한 상황이 반복되었을 때 상담 치료에서 경험한 깨달음을 떠올릴 수 있었다고 한다. 입가에 미소를 띄우고 지난 번과는 달라진 모습으로 반응하며 로버트는 훨씬 능숙한 태도로 아내와 그 문제에 대해 의논했다.

플레이!

유형1에 추천하는 또 하나의 팁은 '플레이!'다. 여러분은 살면서 아주 어릴 적부터 스스로를 보호하는 데 주력을 다했다. 그것은 여러분을 위해 그 역할을 충분히 해준 사람이 없었기 때문일 것이다. 그런 만큼 직접 주변에 쌓은 울타리처럼 자신을 보호하려는 성향은 완벽을 추구하는 방향으로 이어졌다. 그러다 보니 그 과정에서 종종 아무 걱정 없이 마음껏 노는 것을 포기해야만 했을 것이다.

주변에 어린아이가 있다면 아이에게 놀이 방법을 알려주거나 유년시절 즐겨 하던 놀이를 떠올리며 아이와 함께 다시 한 번 놀이를 해보자!

나눠라!

여러분이 유형1에 속한다면 평소 혼자 너무 많이 짊어지려는 성향이 강할 것이다. 심지어 감정이나 물건에도 인색하다고 비난 받는 일도 드물지 않았을 것이다. 원래 나눔이란 줄 것이 많다고 느끼는 사람만이 가능한 일이다. 어쩌면 여러분에게도 더 많이 나누고 싶은 마음이 있었지만, 어떻게 해야 할지 혹은 실제로 그것을 원할 상대가 있을지 몰랐던 것뿐일 수도 있다.

우선 여러분이 소중히 생각하는 것들을 의식하며 전부 떠올려보자. 하지만 이때 퍼포먼스-나에서 생각하지 말고, 여러분의 완전한-나를 통해 접근하도록 주의해야 한다. 이제 여러분의 완전한-나(디톡싱 단계의 명상 활용)와 접촉하거나 러빙 단계에서처럼 여러분의 심장에 접촉한다. 그리고 여러분에게 소중한 것은 무엇인지, 다른 사람들에게 제공할만한 것이 무엇인지 인식해본다. 여기서 능률을 따지며 찾으려 하지 않는다. 인생에서 여러분이 가진 무언가를 타인에게 전함으로써 상대를 감동시키고 싶다는 감정이 들었던 적이 언제인지 의식적으로 떠올려보자. 그것이 비록 잠시일지라도 상대의 인생이 훨씬 수월하고, 재미있거나 보람차게 느끼도록 만들 만한 것이 여러분에게 있는가?

이제 여러분의 연인, 친구 또는 지인에게 물어보라. 그들이 여러분을 소중히 여기는 이유는 정확히 무엇인가? 그리고 이를 통해 여러분이 상대에게 제공할 수 있는 것에 대한 생각을 확장해본다.

정원 울타리 유형2 연습

유형1은 상황을 합리화하며, 새롭고 즉흥적인 것을 허용하지 않는 경향을 보인다. 이 유형의 경우 경계를 설정하기 전, 잠시 모든 것을 멈추고 우선 감정을 감지하는 것으로 깨달음을 얻는다. 반면 유형2는 주로 너무 많은 것을 감지하려는 경향이 있다. 매 상황에 지나칠 정도로 감정 이입을 한다. 자신의 감정에 주체하지 못할 정도로 압도당한 유형2는 자신과 주변 세상의 적정 거리 설정에 실패하며 자신에게 필요한 경계선이 모호해지는 상황에 처한다.

매일 다른 것!

유형2를 위한 경계 설정 기본훈련은 자신과 환경의 차이를 스스로 허용하려고 시도하는 데 의의가 있다.

정기적으로 자신에게 질문해보자. 무엇이 다른가?

이 질문을 자신에게 묻는 동안 여러분의 태도가 가장 중요하다. 최대한 중립적인 태도를 유지하며, 섣불리 평가하려 들지 말아야 한다. 이를테면 자신에게 이렇게 질문해보자. 내 여자친구가 나와 다른 점은 무엇일까? 이런 질문을 할 때는 '더 잘하고' 혹은 '더 못한' 범주에서 찾으려 하지 말고 중립적인 시각을 유지해야 한다.

여러분은 그림1과 그림2를 비교하며 차이점을 찾는 틀린 그림찾기 게임을 알고 있을 것이다. 이 연습 또한 그런 방식으로 접근한다. 우선 비교 대상과 여러분에게서 그리고 여러분의 관점으로 똑같이 취급하려는 자신의 경향을 먼저 내려놓으려 노력한다. 그리고 평가하지 말고, 그냥 차이점을 발견해보자!

서로의 비슷한 점이 아닌 차이점에 집중했을 때, 여러분의 내면에는 무슨 일이 벌어지는가? 일상의 여러 상황에 이를 적용하여 생각해보자. 그리고 다음에 자신이 말할 때마다 곧장 확인받고 싶어하는 사람과 접촉할 기회가 생기면 자동으로 고개를 끄덕이거나, 무의식적으로 상대에게 동의하려는 여러분의 태도에 마음속으로 '그만!'이라고 외친다. 여러분은 정말 상대의 말에 동의하고 싶은가? 아니면 타인의 동의에 의존하고 있는 것은 아닌가? 만약 그렇다면 그 이유가 무엇인지 고민해보기 위해 아주 잠시라도 시간을 가져본다. 이 연습을 이어가는 동안 여러분의 호흡과 신체에 접촉한 상태를 유지한다. 그리고 마음속으로 그라운딩, 본딩, 바운딩을 외워보자. 지금 이러한 상황에 대처하는 가장 좋은 방법은 자신을 그라운딩하고, 주변 사람들과 접촉한 상태에서 자신에게 얼마만큼의 경계 설정이 필요한지 검증하는 것임을 다시금 떠올려본다.

거리를 두고 실험하라

방금 전 연습으로 여러분과 주변의 차이를 좀 더 명확히 인식하게 되었다면, 여러분의 환경이 얼마나 가까이 다가오기를 바라는지 의식하며 실험해보자.

누군가와 대화할 때 의도적으로 한 걸음 뒤로 물러서는가? 아니면 앞으로 몸을 기울이는가? 차라리 편안하게 의자에 몸을 기대보자. 그런 다음 방금 전의 두 경우와 비교했을 때 내면에 어떤 변화가 생기는지 감지해보라.

두려움이 생기는 건 언제부터인지 의식해보자. 이를테면 접촉이 끊어졌다거나, 무례해진다거나 무엇을 놓쳤다든가……. 잠시 두려움의 경계영역에 머물러본다.

이 훈련을 사람들과의 접촉뿐만 아니라 업무로 연결시킬 수 있다. 예컨대 과제 혹은 평소보다 더 많은 휴식 시간을 계획하거나 언제 그리고 어떤 방식으로 여러분의 일과를 마칠 것인지 명확히 정의하면서 근무일의 경계를 설정할 때 실험해볼 수 있다.

이런 방식으로 의식적인 전환을 형성하고 자신에게 다음과 같이 말하면서 이어질 활동의 경계를 설정한다. "이 일은 지금 끝내고 있다"라고 말하거나 또는 사무실 문이나 노트북 컴퓨터를 닫으며 신체적으로 인지할 수도 있다.

당신을 붙잡는 것은 무엇인가?

아직 적절한 경계 설정을 하지도 못했는데 벌써 세상과의 접촉에 지쳐버린 기분이 드는 딜레마에 힘들 때가 있다. 이것은 종종 유형2의 사람들이 지나칠 정도로 자신을 억누르고 있는 것과 관련이 있다. 자신을 억누르고, 잠시 멈추기. 이는 이 책에서 거듭 반복하며 요청한 특성인 동시에 의식적으로 인식하고, 행동하는 데 필수인 능력이다.

하지만 이러한 억제 중에서 유익하지 못한 형태가 존재한다. 게슈탈트 치료에서는 이를 타인이나 환경에 대하여 하고 싶은 것이나 타인이 자신에게 해주기를 바라는 것을 스스로 하는 것을 의미하는 '신경증적 반전neurotic retroflection'이라고 부른다. 환경과의 접촉을 통해 스스로 지나치게 많은 것을 유지하며 갈등이나 대립 상황을 피하기 위해 건강한 공격성과 분쟁을 꺼린다. 그로써 외부로 분출되어야 할 에너지가 밖으로 나가지 못하고 방향을 바꾸어 자신을 공격한다. 밖으로 표출해야 할 말을 안으로 삼키고, 타인과 접촉할 때는 경계를 설정하지 않으면서 자신에게만 엄격한 경계로 스스로를 괴롭힌다(예컨대 밥을 먹지 않거나 벌을 받는다는 생각으로). 신경증적 반전에 빠진 사람은 통제의 감정을 느낀다. 실제로는 참여하지도 않으면서 어떻게든 계속 환경과의 행동을 이어나간다. 이는 감각의 경계마저도 신뢰하지 않기 때문이다. 이런 사람은 그 영향력을 수용하고, 지금까지 자신에게 돌렸던 에너지를 다시 환경에 제대로 발산하는 순간 올바른 경계에 접촉이 가능해진다.

이런 나의 말이 신뢰가 가고, 신경증적 반전을 해소하는 도전을 해보고 싶다면 내가 준비한 다음 연습을 통해 시도해보라.

잠시 시간을 내어 오늘 여러분이 하지 못한 말이나 행동을 일기에 써본다. 이때 펜과 종이를 여러분 침대 옆에 둔다. 그리고 취침 전이나 하루 중 잠시 시간이 날 때마다 의식적으로 다른 사람들과 접촉했던 순간을 떠올린다. 그 방식은 전화, SMS, 이메일이었을 수도 있다. 그리고 자신에게 묻는다.

- 내가 미처 하지 못한 말은/행동은 무엇인가?
- 그리고 그것을 입 밖으로 꺼내거나 행동할 때 난 무엇을 두려워하는 것인가?
- 사실은 외부로 향했어야 할 에너지를 나에게 돌린 후 어떤 식(이를테면 과식, 피로, 짜증, 지루함, 음주, 두통 등)으로 해소했는가?

이제 떠오르는 답을 적어보자. 그런 뒤 다시금 하나 혹은 여러 상황을 떠올리고 감정 이입을 시도한다. 이 반전 상태를 신체적으로 표현하는 신체부위가 있는지 의식해보자.

신체부위 중 고인 에너지가 느껴지는 곳이 있는가? 그렇다면 그 지점에 집중하며 호흡하거나 에너지가 쌓인 그 부위에 지금 무엇이 필요한지 여러분의 충동을 따라가보자. 어쩌면 세게 문지르거나 몸을 흔들며 그곳에 온기를 불어넣고 싶은 충동이 느껴질 수도 있다. 또는 의식적으로 호흡을 하며 입을 통해 축적된 에너지를 밖으로 내보낸다.

건강한 공격성을 훈련하라

이제 여러분은 반전 너머 자각으로 향하는 길목에서 한 걸음 더 전진했다. 이제는 다음 단계를 통해 공격성을 올바른 방향으로 조정해보자.

이 연습에는 신체의 적극적인 참여가 필요하다. 이 훈련을 활용하면 반전을 가장 효과적으로 해결할 수 있다. 공 혹은 작은 공처럼 뭉칠 수 있는 재료를 준비해보자. 그리고 지금 손에 들고 있는 것이 외부로 표출하지 못하고 내면에 쌓아둔 에너지라고 연상해본다. 공 또는 공처럼 뭉친 것에 집중하고 의식하며 먼 곳을 향해 던져라. 그리고 이 '에너지볼'을 세게 던질 때 어떤 기분이 드는지 실험해본다. 이때 다음과 같은 말을 덧붙여도 좋다. "더는 이 공격성을 나 자신에게 돌리지 않겠어!" 또는 "이 에너지가 향할 곳은 저쪽이야!" 그것도 아니면 간단히 "나가라!" 또는 "사라져라!" 또는 그냥 하고 싶은 말이나 문장이 있다면 그것을 외쳐도 좋다.

무언가를 참아야만 했던 상황을 구체적으로 떠올려보라. 그리고 적당한 방향으로 공을 '던지며' 그 감정이 분출되도록 돕는다. 이 연습을 수행하는 과정 내내 그 에너지를 여러분 자신에게 돌린 책임감은 끝까지 유지하기를 당부한다. 무엇보다 지금은 상대에게 얼마나 화가 났었는지 그리고 상대에게 이 에너지를 분출하기 위한 훈련이 아님을 명심한다. 지금 우리가 주목할 점은 에너지를 분출할 올바른 방향을 찾는 것이다. 그리고 모든 것을 여러분 신체에 끌어안지 않고, 있는 힘껏 표현하는 것이 어떤 기분인지 느껴보는 것이다.

공 던지기가 여러분과 다소 맞지 않는 방법이라면, 이 과정을 말로 진행해도 좋다. 지난 훈련에서 인지한 대로 지금까지 여러분이 억눌렀던 것들을 전부 소리내어 말해보자. 이때 여러분의 턱근육에 주의하라. 이 프로세스에 제대로 접촉하려면 먼저 턱관절과 혀의 긴장감을 풀고, 공격성으로 찌푸려질 수도 있는 표정을 차단해야 한다.

여러분의 것으로 남기지 말아야 할 에너지는 의식적으로 여러분의 발을 통해 땅으로 발산한다. 그리고 남은 에너지 중 여러분에게 남기지 말아야 할 부분을 전부 털어내려는 것처럼 세게 몸을 흔들어 보자.

이 연습에서 가장 중요한 포인트는 여러분이 어떤 방식을 선택하든 그 과정 동안 여러분이 즐거워야 한다는 것이다. 처음에는 다소 우스꽝스럽다고 느껴지더라도 자신을 믿고, 조금은 과장하며 적극적으로 시도해보라.

에너지를 다시 회복하라

얼마 전 한 내담자와 함께 경계 설정을 위한 또 다른 효과적인 훈련을 진행한 적이 있다. 정원 울타리 유형2에 속하는 그녀는 자신의 경계에 연관된 감정을 두려워했고, 타인과의 접촉을 잃어버릴까 봐 불안해하는 자신과 싸우고 있었다. 더는 경계를 지키기 버겁다는 기분이 들고, 그럼에도 다시 힘을 내야 하는 상황이라면 이 연습을 시도해볼 만한 가치가 있다.

이 연습을 위한 첫 번째 단계는 우선 경계를 제대로 지키지 않고, 지나치게 많은 권한 또는 에너지를 외부로 발산한 사람이 바로 여러분 자신이라는 점을 인지하는 것이다. 여러분은 그 과정을 강요받은 것이 아니라 자발적으로 동참했다. 그러므로 다음과 같이 소리내어 말해보자.

"경계를 지키지 않고, 지나친 에너지를 외부와 타인에게 발산한 사람은 바로 나 자신이다."

두 번째 단계는 여러분의 에너지를 전부 타인에게 (또는 직장이나 업무에) 쏟아버렸다는 기분이 든다면, 상대에게 준 것이 정확히 무엇이었는지 생각해본다. 상대에게 관대하게 또는 고민도 없이 곧바로 건넨 것이 있다면, 정확히 무엇인가? 소리내어 말해보자.

그리고 세 번째 단계는 방금 여러분이 구체적으로 말한 그것을, 예컨대 "내 배려를 다시 거두겠어." 또는 "내 힘을 다시 가져오겠어."라고 말하며 상대에게서 회수한다. 그리고 앞서 여러분이 경계를 침범하며 상대에게 건넸던 것을 다시 돌려받는 모습이 어떠할지 장면으로 시각화하여 떠올려본다.

* * *

이번 단계에서도 여러분 자신에 대해 더 많이 확신하고, 여러분의 환경과 특히 경계에 대처하는 데 있어 도움이 될 자극을 발견했기를 바란다.

6단계 그로잉GROWING:

진짜 나로
도약하기

핵심 질문
어떻게 하면 앞으로 내가 더 성장하고 발전할 수 있을까?

그로잉, 이 용어를 떠올리면 입가에 흐뭇한 미소가 떠오른다. 성장이 무슨 의미인지 관련성을 떠올릴 때, 그냥 나 자신을 한 번 훑어보기만 해도 충분했기 때문이다.

나는 둘째 아들의 출산 예정일이 며칠밖에 남지 않은 이 시점에 이 책의 마지막 단계를 집필하고 있다. 지난 9개월 동안 내 허리둘레는 무려 120cm로 늘어났고, 내 안에 또 다른 사람이 있다. 때가 되면 아이는 세상에 나오려 할 것이다. 그 순간이 오면 몇 시간의 산고 끝에 난 또 다른 사람이 되어 있을 것이다. 이번 출산으로 또 한번 성장을 하게 될 새로운 경험이 나를 기다리고 있기 때문이다. 또한 남편과 이제 네 살이 된 큰 아들도 이 경험을 통해 변할 것이라 생각한다. 가족의 구성원이 늘어나며 그렇게 우리 모두가 성장한다. 이렇듯 우리 가족은 서로를 통해 새로운 활력을 얻는다.

여기서 가장 흥미로운 것은 앞으로 우리가 어떻게 바뀔지 아무도 예측할 수 없다는 점이다. 물론 우리는 앞으로 생길 일을 준비하고, 미리 가정하고, 예측할 수 있다. 하지만 결국 마지막에는 정확히 어떻게 흘러갈지, 우리 모두가 어떤 방식으로 성장하게 될지 알 수 없다. 이 시점에서 내가 확신할 수 있는 유일한 것은 이 성장에 즐거움, 사랑, 고통이 모두 동반된다는 것이다.

그렇다면 개개인의 성장과 발전에는 무엇이 필요할까? 그리고 이 프로그램의 마지막인 6단계 그로잉에서 우리는 무엇을 연습해야 할까? 나는 가장 먼저 필요한 것이 신뢰라고 생각한다. 세상만사가 흘러가야 할 방식대로 전개될 것이라는 신뢰. 인생의 자연스러운 성장 과정에서 신뢰는 무언가를 억누르지 말고 허용하라고 말한다. 그리고 그런 식으로 성장하고 발전하는 것이 우리 인생의 가장 큰 과제라 할 수 있을 것이다. 여러분이 예상했던 것과 매우 다른 상황과 마주쳐도 자신의 성장 과정과 관련된 감정에 대처할 힘이 있다고 스스로 믿어야 한다.

우리가 성장하고 계속 발전할 수 있는 방법은 무엇인가?

기본적으로는 매우 간단하다. 이미 우리 내면에는 성장에 필요한 지식이 충분하다. 우리의 신체는 균형을 유지하며 성장하는 데 필요한 것을 알리기 위해 적절한 시점에 정확한 신호를 보내는 기가 막힌 지식창고이기 때문이다. 우리가 해야 할 일은 그저 믿음이 우리에게 전하는 말에 귀를 기울이며 우리 몸이 정신에게 보내는 신호에 주목하는 것이다.

우리의 정신은 신체보다 자신을 중요하게 생각하는 경향이 있다. 더불어 신체의 접촉을 수용하거나, 제한하려는 의도로 여러 흥미로운 사연들을 쉴 틈 없이 생산해낸다. 따라서 정기적으로 잠시 전부 멈추고, 우리 내면의 케어 시스템을 활성화시키는 것이 무엇보다 중요하다. 이는 빠르게 급변하는 일상의 사고 과정을 부수고 그보다 훨씬 느리게 흘러가는 신체의 속도에 적응하게 해준다.

이렇듯 속도를 줄이는 느림의 과정에서 가장 중요한 도구는 바로 호흡에 집중하는 것이다. 빠르고, 얕은 호흡은 우리 내면의 드라이브 및 패닉 파트를 활성화시킨다. 반면 가슴과 배가 부풀어 오르고 꺼지는 모습이 보이는 심호흡은 우리 내면의 케어 파트를 활성화시킨다. 그리고 그것을 통해 자동으로 설정된 사고의 회전을 느리게 한다.

일상의 자동조종 모드를 알아차릴 때마다 자신의 호흡과 접촉하거나 잠시 모든 것을 멈추고 명상한다면 여러분은 성장하게 될 것이다. 또한 옛것이 새로운 것으로 교체된다. 알아차림은 자각을 통해서만 가능하다. 여러분이 자신 및 타인과 진심으로 접촉하는 매 순간이, 여러분의 욕구에 접촉하는 매 순간이 굳어진 습관을 부수고, 발전과 성장의 기회를 마련한다. 이제 의식하며 바라보는 시각을 갖추게 된 여러분을 축하한다. 그렇게 여러분은 또다시 한 단계 성장한 것이다!

여러분이 성장하는 것을 수용하기만 한다면, 여러분은 앞으로 훌륭히 성장하고, 계속 발전해나갈 것이다. 그것이 바로 인생의 순리를 따르는 매우 자연스러운 과정이기 때문이다.

'어떻게 그저 먹고, 마시고, 자기만 하면 된다는 걸까? 내가 뭐라도 좀 해야 하지 않을까? 성장과 자기발전에는 결정을 내리고, 장애물과 위기에 대처하는 법은 물론 인생의 목적지를 고민하는 것도 포함되어 있는데…….'

이런 생각을 할 지도 모른다. 물론 그 생각도 옳다! 나도 그 생각에 이견이 전혀 없다. 하지만 내가 가장 중요하게 생각하는 부분은 여러분이 신뢰와 결속을 바탕으로 행동할 때 그 모든 것이 한결 수월해진다는 점이다.

모든 일이 원하는 방식대로 흘러갈 거라는 생각을 여러분 스스로 받아들인다면 어떻게 될까? 지금 이 순간 그리고 오늘 여러분이 느끼는 기쁨, 만족감, 행복, 고통, 좌절이 전부 여러분 개인의 성장에 꼭 필요한 것이라면?

모든 일이 적시에 일어나고, 전개되길 바라는 방식대로 진행된다면 어떨까? 뭔가를 더 잘하고, 신속하고, 아름답게 하기 위해 긴장할 필요가 없다면? 그러면 더 빨리 성장하려는 목적으로 고삐를 잡아당길 필요가 없을 것이다. 더 나은 결과를 위해 무리하게 에너지를 쓸 필요도 없다. 더는 자신에게, 타인에게, 직장에서, 집에서, 외모 및 주변 환경에 안간힘을 다해 최적화하려고 애쓰지 않아도 된다. 여러분과 관련된 모든 것이 자연스럽게 변하기 때문이다. 여러분만의 속도에 따라 여러분의 삶에 어울리는 성장을 이뤄나간다. 그런 변화를 위해 여러분 자신을 힘들게 하거나 무리한 요구를 따르는 것이 아니기 때문이다.

만약 앞으로 생길 모든 일과 그 진행 과정이 더는 두렵지 않다면 어떤 기분일까? 그것이 더는 인생이 끔찍하지 않을 뿐만 아니라 그냥 있는 그대로 전부 다 잘 될 거라고 납득했기 때문이라면? 날마다 온전한 자신이 되는 방법 그리고 "어떻게 하면 앞으로 내가 더 성장하고 발전할 수 있을까?"라는 질문의 정답은 단 하나뿐이다. 항상 자신과 세상에 접촉이 가능하도록 여러분 자신을 돌보는 것이다.

퍼포먼스-나에 빠진 상태로 생활하면 우리는 계속 무언가를 개선하거나, 멈출 수 없을 거라거나, 지금까지 일구어 놓은 삶을 다른 방식으로 정당화해야 할지 모른다는 두려움에 휩쓸린다. 그로써 무작정 감정을 억누르는 일만 반복된다. 결국 여러분 내면에 잠재된 케어 시스템이 활성화되고, 접촉된-나를 따라 삶을 사는 첫걸음을 떼기 전까지 항상 쫓기는 듯한 두려움에 사로잡힌 기분이 이어진다. 그럴 때 필요한 것이 신체, 정신 그리고 마음의 접촉이다. 그것은 여러분의 '완전한-나', 참모습이다.

케어 시스템의 활성화로 자극된 여러분의 창조적 역량에 의해 여러분은 다시 창조자가 된다. 그로써 하루 온종일 자신을 보호하고 단점에서 벗어나기 위해 성과와 연기에만 급급한 모습을 보이는 대신 새로운 것을 창조하고, 성장을 촉진시키는 창조적 개체가 된다.

매일 똑같은 방법을 활용하지 말고, 새로움에 열린 자세로 대한다. 여러분 인생에 그런 변화를 허용하는 순간부터 여러분과 주변 환경은 자동으로 성장한다. 이렇듯 여러분의 인생이 좋은 방향으로 흐를 거라 믿으며 자신의 인생에 관심과 용기를 선사한다. 구분하는 대신 연결하고, 싸우는 대신 사랑하라. 그리고 결속의 범주 내에서 경계를 설정한다.

그러므로 성장이란 여러분이 수용할 준비가 되었음을 의미한다. 다시 말해, 고통만큼이나 기쁨도, 흐름의 순간만큼이나 침체된 순간마저도 인생에 받아들인다. 이 모든 것이 인생의 일부이기 때문에 우리는 살면서 이런 상황을 계속 다시 마주하게 된다. 때때로 자신도 모르게 과거의 행동양식으로 되돌아가더라도 그것을 알아차리는 순간 또 한 번 성장할 수 있다. 또한 성장은 내면에 타인을 위한 공간을 마련한다는 의미이기도 하다. 그러니까 여러분과 다른 관점을 지닌 연인, 배우자, 자식, 동료 및 친구가 여러분을 위해 색다른 성장 방식을 표현하며 지원할 수 있도록 허용한다는 의미다. 또한 타인의 성장을 곁에서 응원하고 지원할 수는 있지만, 결코 규정하거나 강요하지 않는다.

여러분 스스로 순리적인 성장을 훼방하거나 늦추지 않는다는 건 자신의 완전한-나와 접촉하고, 내면에서 드라이브, 패닉, 케어 파트를 인지했음을 의미한다. 이 세 가지 특성은 계속 저마다의 정당성을 주장하며 여러분이 자신의 말을 듣기를 요구한다.

이때 계속 비교하고, 타인과 경쟁하고, 성취한 것과 성공에 기뻐하고, 목적을 달성한 것에 즐거움을 느끼면서 여러분 내면의 드라이브 부분을 충족시킬 수도 있다. 그렇지만 그러다 보면 어느 순간 인생의 자연스러운 성장에 공명하지 못하게 된다. 여러분 내면의 패닉 부분이 앞으로 생길 일에 두려움을 갖게 하기 때문이다. 하지만 인간으로서 현존하는 데는 이 모든 것이 삶의 일부가 된다.

이제 여러분은 그 순간 누구와 경쟁하고 있는지, 두려움을 느끼는지 혹은 꼭 무언가를 달성하고 싶은지 스스로 깨달았는가? 그렇다면 여러분에게 그것이 이로운지 또는 긴장하게 만드는지, 여러분 또는 타인을 상처 입히고 성장을 지원하기는커녕 방해만 되는지도 곧 깨닫게 될 것이다. 그리고 이런 자각을 통해 새로운 사고와 행동이 자연스럽게 이어진다. 어쩌면 비교, 경쟁, 목표 달성이 당장 여러분과 주변 사람들에게 큰 기쁨을 안겨줄 수도 있다. 하지만 만약 그렇다고 해도 전혀 상관없다. 여러분은 그런 감정을 누릴 자격이 충분하다!

이 모든 것이 매우 그럴듯하다는 생각에 고개를 끄덕이면서도, 여전히 개인적인 자기발전에 걸림돌이 되는 무언가가 있다는 기분을 떨쳐버릴 수가 없는가? 나 역시 그런 기분이 무엇인지 너무 잘 알고 있다. 따라서 게슈탈트 심리 치료의 진단 기법을 활용하여 여러분에게 이런 자연스러운 접촉 및 성장의 흐름을 우리가 어떻게 방해하는지 보여주려 한다. 여러분이 스스로 발목을 붙잡은 지점이 어디쯤인지 발견한다면, 다음에 이를 알아차리고 다른 방식으로 대응하기가 훨씬 수월해질 것이다.

게슈탈트 웨이브

일명 게슈탈트 웨이브라고 불리는 이 기법은 유기체가 환경과 접촉하는 이상적인 과정을 설명한다. 이 만남을 통해 유기체는 성장의 최적화를 기대한다. 게슈탈트 치료의 창시자 펄스Fritz Perls, 해퍼린Ralph Hefferline, 굿맨Paul Goodman은 그들의 저서《게슈탈트 치료Gestalt therapy》에서 접촉을 4단계로 설명했다.

전 접촉단계

이 과정을 다음과 같이 연상해볼 수 있다. 여러분도 뭐라고 정확히 설명하기 힘든 불분명한 불안감, 차오르는 에너지를 느낄 때가 있을 것이다. 하지만 머리에 느껴지는 압박감처럼 막연히 내면의 무언가가 잘못됐다는 것만 알아차릴 뿐이다.

접촉단계

불분명했던 무언가가 이제 좀 더 명확해진다. 여러분은 그것을 두통 및 신체적 긴장감으로 부를 수 있다. 그로써 이완과 휴식에 대한 욕구를 보다 뚜렷이 인지한다. 접촉단계에서 여러분은 자신의 욕구를 제대로 충족시킬 방법과 환경에서 사용가능한 자원이 무엇인지 생각해본다(누워서 쉬기, 차 마시기, 먹기, 산책하기 등).

최종 접촉단계

이제 이 시점에는 공격성(물론 긍정적인 의미에서) 다시 말해, 적극적인 움켜쥐기가 필요하다. 여러분의 욕구에 꼭 맞는 자원을 찾은 후 결정을 내린다. 이를테면 그냥 누워서 쉬기보다 산책을 선택한다.

후 접촉단계

이 단계에서 통합과 성장이 이루어진다. 욕구충족을 위해 여러분이 선별한 것이 작동하며 적응을 돕는다. 따라서 시간을 투자하여 그것이 여러분 자신과 신체에 제대로 받아들여지고, 만족감과 변화가 느껴질 때까지 기다린다. 즉, 산책을 하기로 결정했다면 그것이 실제로 기대한 만큼의 긴장 해소 효과를 충족시켰는지 살펴본다.

이런 접촉 4단계를 완료하면, 다음 접촉 주기가 시작되면서 새로운 활동에 전념할 수 있다. 예시를 들자면 여러분은 다시 직장에서 하던 일에 몰두하게 된다.

만약 이러한 접촉 프로세스에서 만족감을 느끼지 못한다면 그것은 4단계 중에 문제가 발생했기 때문이다.

전 접촉단계 장애

전 접촉단계에서는 욕구를 형성하는 과정에서 여러분이 자신을 억누를 때 문제가 발생한다. 예컨대 바쁜 일상에서 그 속도를 제대로 감당하지 못해 자신의 신체가 보내는 신호를 전혀 알아차리지 못한 것이다. 잠시 모든 것을 멈춘 여러분은 자신과 접촉하는 매우 기본적인 측면을 잊어버렸다. 그러다 보니 드라이브, 패닉이 생존모드를 활성화한 후에만 무언가를 감지할 수 있었던 것이다.

전 접촉단계에서 발생하는 문제를 해결하려면 무엇보다 그라운딩과 디톡싱에서 배운 연습으로 여러분 자신을 지원해야 한다. 그리고 그 도움을 바탕으로 다시 신체 접촉을 회복하고, 이롭지 못한 내사에서 해방되는 법을 다시 배워나간다.

접촉단계 장애

접촉단계에서는 앞서 설명한 것처럼 첫째로 여러분의 욕구를 말할 수 있어야 하고, 둘째로 욕구 충족에 필요한 자원이 무엇이냐에 따라 여러분의 환경에서 가능한지 찾아봐야 한다.

예컨대 지금 여러분의 상태에는 산책이 최선이라는 것을 체감했지만, 여전히 사무실을 벗어나기 힘든 상태였기에 산책 대신 커피라도 마시며 휴식을 취했을지도 모른다. 이때 커피타임이 편안한 기분전환이 되었을 수도 있지만, 여러분은 분명 신선한 공기를 쐬는 것이 훨씬 나았을 거라는 감정이 솟구친다.

이 단계에서는 주로 자신의 욕구를 솔직히 털어놓지 않고, 여러분의 욕구가 주변인과 동일한 수준이어야 한다고 생각하는 탓에 문제가 생긴다. 심각한 두통으로 당장 아무 생각도 제대로 하지 못하는 사이 어쩌면 여러분의 동료가 공동 프로젝트에 적극적으로 참여할 수도 있을 것이다. 그런 상황에서는 '내가 누구도 될 필요가 없다면 나는 누구인가?'라는 디톡싱 단계의 질문을 떠올린다. 그리고 여러분 자신의 모습과는 거리가 있는 이상적인 모습이 아니라 여러분이 바라는 욕구에 따라 행동할 때 자신의 힘을 최대한으로 발휘할 수 있다는 것을 다시금 떠올려본다. 바운딩 단계의 '사랑과 결속에서 벗어나와 나 자신과의 경계를 설정한다'가 이 단계에서 여러분을 응원할 것이다. 왜냐하면 동료가 멈추지 않고 계속 말을 걸어오는 상황에서 속으로만 짜증내는 것보다는 지금 여러분이 직장 동료의 말을 전혀 수용할 수 없는 상태라는 걸 상대에게 솔직하게 알리는 것이 훨씬 정중한 대처이기 때문이다.

그러나 이 단계에서 유연한 자세로 주변 환경에서 대안을 찾으려 하지 않고 안간힘을 다해 욕구충족의 기회만을 고집한다면 여러분의 성장에 제동이 걸린다. 지금 주어진 여건상 당장 밖으로 산책을 나가 바람을 쐬는 일은 불가능하다. 여러분에게 필요한 것을 하지 못하는 상황에 짜증을 내며 그로써 더 많은 스트레스를 받는 것보다는 여러분의 욕구를 최소한이나마 충족시킬 방법을 고민해볼 수 있다. 이를테면 사무실을 환기시킨다거나, 몸을 쭉 늘리는 스트레칭을 해본다. 또 자리에서 일어나 몇 걸음이라도 걷는 방법도 있다.

최종 접촉단계 장애

최종 접촉단계, 즉 적극적인 자원의 구현과 선택에 문제가 생긴다면, 그것은 여러분이 외부로 분출해야만 하는 공격성을 항상 억누르기 때문이다. 이는 여러분이 바라는 요구사항을 충분히 표현하지 않거나, 충분히 주의를 기울이지 않음으로써 여러분의 환경이 관련 정보를 제대로 알아차리지 못했다는 것을 의미한다. 따라서 이 단계에서는 무엇보다 열린 인식 채널과 본딩을 위한 능력이 필요하다. 다시 말해, 사람들에게 무언가를 부탁하고, 주의 깊게 들어주고, 정확히 살펴보고, 대화하고, 질문하고, 정보를 얻는 데 필요한 능력을 길러야 한다.

후 접촉단계 장애

무엇보다 통합과 성장이라는 주제와 측면에서 살펴보면 이후 접촉단계가 매우 흥미롭다. 앞의 3단계를 제대로 실천하고 있음에도 정기적으로 무언가 전혀 진척되지 않는 기분이 들 때가 있다. 분명 여러분은 의식적으로 나만의 삶을 살고, 자신의 욕구를 파악하여 그에 필요한 공격성을 충족하는 방법을 잘 알고 있는데도 말이다.

우리 모두가 살면서 이런 현상을 경험한다. 흥미진진한 워크숍에 참여해도 며칠만 지나면 벌써 그 효과가 사라진다. 흥미로운 책을 읽었을 때도 어쩌면 하루, 이틀 정도는 그 책에서 추천한 연습과 훈련에 매진할 수도 있을 것이다. 하지만 그것도 또다른 주제가 전면에 대두되기 전까지다. 앞으로 배우자와 더 많은 시간을 보내겠다고 결심하더라도 딱 한 번 약속을 지키고 나면, 일상이라는 이유로 배우자와의 약속을 지키지 못하는 경우가 태반이다. 직장에서 이를테면 '직장에서의 마음챙김'과 같은

Chapter 5 자기 회복력 6단계 프로그램

새 프로젝트를 실천하겠다고 마음먹자마자 갑자기 그보다 더 중요하고 미루지 못할 것 같은 다른 주제가 우리 앞에 등장한다. 그 밖에도 후 접촉단계에서 우리의 성장과 통합을 멈춘 사례는 셀 수 없을 지경이다.

번아웃 증상에 시달렸던 내담자, 톰이 나를 다시 찾아왔다.

"주기적으로 만성피로가 반복되어서 너무 괴로워요. 이 위기를 피하고 싶어요."

그리고 건강한 삶을 사는 방법에 대해 본인이 알고 있는 지식을 앞으로도 오랫동안 자신의 삶에 적용하는 방법은 무엇인지 진지하게 자문을 구했다.

톰은 자신이 기억하는 시점부터 이미 전형적인 '하이 퍼포머 High Performer'유형이었다. 어린 시절 그는 여러 학년을 월반했고, 대학에서도 누구보다 어린 나이에 여러 상을 수상하고, 장학금을 받으며 우수한 성적으로 졸업했다. 그리고 불과 30대 초반인 현재 그는 이미 소프트웨어 대기업의 CEO가 되었다.

상담 과정에서 그는 자신의 살아온 이야기를 좀 더 자세히 들려주었다.

"나는 4형제 중 막내예요. 아주 어린 시절부터 '어느 공간에 발을 들여놓으면 그곳에 있는 그 누구보다 더 빠르고, 영리하고,

혁신적으로 행동해야지 주목을 받을 수 있어'라는 강한 신념 아래 생활해왔죠. 내가 잠시라도 굼뜨게 행동하면, 형들에 비해 너무 뒤처지는 것만 같은 기분이 들었거든요."

물론 어느 한편으로는 이러한 민첩성 덕분에 정말 대단한 일들을 성취해낼 수 있었다. 하지만 그만한 일에는 대가가 있다. 톰은 언제나 무엇에 대해서든 근본적으로 곰곰이 생각해볼 만한 시간을 가져본 적이 없었다. 항상 타인보다 한 걸음 먼저 나아가야 했기에 그럴 만한 여유가 없었던 것이다. 그러다 보니 경험을 온전한 제 것으로 통합하고, 그 안에서 배움을 얻고, 성장할 만한 시간이 항상 부족했다. 이런 후 접촉단계의 문제는 그의 삶의 모든 영역에 영향을 미쳤다. 자기 자신을 돌보는 측면에서도 주기적으로 육체적·정신적 피로감이 한계까지 도달했다. 게다가 항상 동일한 문제로 다투는 탓에 결혼생활의 갈등 역시 절대 해소될 것 같지 않았다. 사실 톰 부부의 근본적인 문제는 그 싸움의 이유가 무엇인지 그가 제대로 고민해볼 만한 여지와 시간이 부족했기 때문이었다. 그리고 일적인 측면에서도 승승장구 하던 사업이 어느 지점을 지난 후 계속 한 자리에 머물러 있는 것만 같은 기분이 들었다. 이대로는 더는 성장이 불가능해 보였다. 반면 모든 분야에서 손실을 보는 일 만큼은 절대 용납할 수 없다는 생각에 톰은 언제나 할 일이 태산처럼 쌓여 있었다.

이런 상황은 비즈니스 코칭을 위해 방문한 다른 여러 내담자들이 반복적으로 겪는 문제이기도 하다. 기업을 운영할 때 일정 기간은 성과와 에너지가 넘칠수록 기업 경제의 총생산도 함께 상승한다는 원칙이 적용된다. 하지만 시간이 흐르면 더는 이런 공식이 작동하지 않는 시점이 찾아온다. 과도한 긴장으로 '전부 연소해버린 상태', 즉 능력의 한계치를 초과한 상태가 오랫동안 지속되면 이런 상황이 두드러졌다. 언제나 끊임없이 노력하고, 쉴 틈 없이 달려야지만 에너지가 솟구치는 것은 아니다. 오히려 정반대라고 할 수 있다. 이럴 때는 긴장을 이완하고, 휴식과 여가를 취할 때 실제로 신선한 에너지가 생긴다는 사실을 깨닫는 것이 무엇보다 중요하다.

상담 과정에서도 톰은 후 접촉단계에서 회피하려는 경향이 강했다. 그래서 나는 톰이 나와 제대로 접촉했다는 걸 감지할 때마다 그에게 맞춤 치료 기법을 시행했다. 항상 속도를 줄이고 천천히 가는 것이 그 치료법의 핵심이었다. 이를테면 말할 때도 속도를 한 템포 낮추는 연습을 했다. 따라서 내가 하는 말마다 즉시 대답하지 않고, 잠시 대답할 내용을 생각해보는 시간을 가졌다.

형들과 있었던 상황이 떠오를 때마다 오래된 두려움이 다시 치밀어오르며 그는 긴장했다. 그리고 마침내 톰은 깨달았다. 그는 이 옛 기억과 어린 시절의 그의 모습을 토대로 행동하고 있었으며, 모든 사람이 예전에 그의 형제들이 그랬던 것처럼 그가 하고 싶은 말이나 그것을 제대로 표현하는 데 필요한 시간을 주지 않을 것이라 단정했다. 나와의 접촉으로 그는 마침내 이 투사를 해소할 수 있었다. 내가 전적으로 그에게 필요한 충분한 여지와 시간을 허락했기 때문이었다. 심지어 나는 그에게 거듭 반복해서 말했다.

"톰, 멈춰요! 아직 당신의 말을 이해하지 못했어요. 당신은 너무 빠르네요. 내가 당신의 말을 따라가기를 바란다면, 부탁컨대 지금은 잠시 멈춰줘요!"

톰은 이런 피드백이 몹시 낯설었지만, 동시에 해방감을 느꼈다고 내게 털어놓았다. 사실 그가 그렇게 속도를 내려던 건 내가 그의 지성과 전문성을 알아보기를 바라는 마음이 있었기 때문이다. 그리고 그런 속도에 타인이 긴장할 수 있다는 가능성을 전혀 고려해본 적이 없었기 때문이었다.

톰은 점점 템포를 조절하며 이를 그의 일상 생활에 적용하는 도전을 시도했다. 휴식하고, 숙고하고, 소화하고, 반성하고, 평온 및 수양을 위한 시간을 내려고 노력했다. 심지어 의도적으로 천천히 걸었고, 한 장소에서 다른 장소로 서둘러 이동하지 않으며 계속 도전을 이어갔다. 그런 식으로 일정 기간이 지나자 일은 물론 부부관계에서도 평소 부담스러운 요구라고 느꼈던 장애물이 한순간에 사라져버렸다. 퍼포먼스 터널에 갇혀 있던 시각에서 벗어난 톰은 신선한 사업 아이디어가 샘솟았다. 또한 소소한 말싸움을 끊임없이 이어가기보다 시간을 내어 배우자와의 문제가 무엇인지 깊이 고민해보는 것이 관계 개선에 훨씬 효과적이라는 사실을 몸소 체험했다.

느림을 실천하며 톰은 이제 그의 신체가 과로의 신호를 보내면, 예전보다 훨씬 빨리 신호를 알아차리고 적절한 시기에 대응할 수 있었다. 톰은 일, 부부 문제 그리고 번아웃에 대해 지루한 상담을 반복할 필요가 없다는 것을 깨달았다. 모든 것은 그의 완전한-나를 대하는 자신의 내적 태도에서 달렸으며, 그것을 통해 모든 방면의 문제가 자연스레 해결된다는 사실에 몹시 매료되었다.

퍼포먼스-덫에서 벗어난다는 것은 나의 일상에 완전한-나 자신을 더 많이 끌어들이는 과정이다. 그러므로 여러분이 내리는 각각의 결정에 좌우된다. 그리고 여러분의 제스처, 생각, 미소 전부가 여러분이 접촉하고, (자기) 공감하고, 애정을 허용하는 데 열쇠가 된다.

이제 다음의 그로잉 연습으로 여러분에게 유용하게 쓰일 몇 가지 도구를 소개하려 한다. 특히 앞의 다섯 단계를 통합하고,

지속적으로 성장하는 데 많은 도움이 될 것이다.

느리더라도 자신의 힘으로 오라

우선 여러분이 톰과 비슷한지 한 번 확인해본다. 자신의 삶에서 하나 혹은 몇몇 부분에 있어 지나치게 빨리 달리다 보니 비틀거리고 있는 것은 아닌지 생각해보라. 여러분의 신체와 행동에 주의를 기울이며 다음의 내용을 확인해보면 그 여부를 알아차릴 수 있다.

- 지금 나는 어떻게 호흡하고 있는가? 숨이 얕고 가쁜가? 아니면 차분하고 편안한가?
- 지금 나는 어떻게 말하고 있는가? 평소 내가 말하는 속도와 같은가?
- 지금 나는 어떻게 걷고 있는가? 걷고 있는 상태에서 나와 내 몸을 제대로 인지할 수 있는가? 여러분은 어쩌면 걷기 명상을 시도하고 싶을 수도 있다. 온전히 걷는 것에만 집중하며, 각각의 발걸음에서 작은 보폭까지 자각하려고 노력해보라. 여러분의 발이 땅바닥에 닿는 느낌에 집중해본다.
- 지금 나는 어떻게 소통하고 있는가? 스스로 말을 끝낼 때까지 시간을 허용하고, 자신의 생각을 끝까지 정리하

고, 상대의 말을 끝까지 귀담아 듣고 있는가? 아니면 상대가 말을 꺼낼 때부터 대답할 준비를 하고, 상대의 말을 듣기보다 대답하는 데 집중하는가? 타인과 대화할 때 나는 나 자신에게 적절하고 충분한 시간을 허락하고 있는가? 내 스스로 "그에 대해서는 우선 조금 고민해봐야 할 것 같아.", "나중에 확실히 알려줄게. 지금은 올바른 결정을 내리기가 힘드네.", "그에 대해서는 우선 조용히 대화해보고 싶어."라고 말할 수 있는가? 일상의 소통과 관련하여 막 도착한 연락에 곧바로 회신하기보다 정말 여러분에게 적절한 순간에 반응할 수 있는지 스스로 확인해보라.

조용히 시간을 보내라

일상에서 그냥 조용히 있을 수 있는 시간과 여지를 찾으려고 시도해보라. 그렇다고 해서 방음이 되는 공간에 자신을 가두거나 아무소리도 들리지 않는 고요한 곳을 찾으라는 의미는 아니다. 외부의 소음이 얼마나 시끄럽고 조용한지는 그리 중요하지 않다. 일정 시간을 조용히 있기로 결정했다면, 잠시 침묵하며 좀 더 내면에 집중한다. 이때 의식적으로 외부세상과 소통하지 않는 것이 중요하다.

일정 시간을 침묵하며 고요히 보낼 때마다 난 내면에 에너지가 차오르는 것을 느꼈다. 그리고 여러 사람에서 그런 경험에 관한 이야기를 들었다. 그렇지만 처음에는 이러한 고요함이 여러분에게 정반대의 효과를 보이며, 매우 무력한 기분으로 이끌기도 한다. 이런 현상은 여러분의 고갈된 상태가 조용히 멈추는 과정과 접촉했기 때문이다. 이 말이 다소 낯설게 들릴 수도 있을 것이다. 그렇지만 그런 상태를 경험했다면 오히려 기뻐하라. 여러분의 고갈 상태는 원래 그랬고, 예전부터 그 자리에 있었을 수도 있다. 하지만 이제 그 상태를 자각함으로써 적절한 반응이 가능해진다. 그로써 여러분에게는 다시 힘을 회복할 기회가 생긴 것이다.

조용히 시간을 보내는 방법으로는 공식적인 침묵수행 또는 침묵의 날을 지정하는 방식도 있지만, 점심시간만큼이라도 기타의 커뮤니케이션(휴대폰, 신문, 대화 등) 없이 온전히 조용히 보내려고 시도하는 것만으로도 충분하다.

의식적인 휴식 시간을 가져라

휴식 시간을 날마다 해야 하는 To-do 리스트와 동등한 우선순위에 두는 것으로 시작한다. 캘린더에 '휴식'이라고 명확히 표기하거나 휴대폰 알림 어플에 등록한다. 휴식이란 여러분이 게

으르거나 비생산적이어서가 아니라 그 시간을 통해 신선한 활력을 되찾으려는 것이 목적임을 상기한다! 따라서 이 시간을 '에너지 부스트' 또는 '힘 충전' 시간이라고 생각하라.

명상: 접촉된-나의 활성 돕기

이제 곧게 몸을 펴고 편안한 자세로 앉는다. 몇 차례 숨을 들이마시고 내쉬며 심호흡을 한 뒤 가능하다면 두 눈을 감아본다.

이제 좋은 친구나 도움을 받을 수 있는 사람들이 여러분 앞에 있다고 상상하며 다음과 같이 질문해보자.

"여러분의 기분은 어떻습니까?"

"무슨 일이 있습니까?"

이제 그 상대가 여러분의 손을 잡고 말한다.

"어서 가자, 우리 잠시 함께 걸어보자."

그리고 그 장소에서 벗어나 문을 열고 밖으로 나선다. 이제 여러분 앞에 아름다운 풍경이 펼쳐진다. 여러분은 그 상대와 함께 산책을 시작한다. 상대가 여러분과 함께 동행하며 규칙적인 간격을 두고 여러분에게 영향을 미칠 만한 질문을 던진다. 곧바로 대답하려고 애써 대답을 생각하지 않아도 된다. 상대의 질문에 마음을 열고 여러분의 내면에서 그에 대한 답이 떠오르는지, 아 닌지 기다려본다.

상대와 함께 멋진 풍경을 따라 산책하며 한 걸음 걸을 때마다 의식적으로 맑고 신선한 공기를 가슴 깊이 들이마신다. 여러분 의 동행이 이제 여러분에게 질문한다.

"지금 뭐가 필요해? 너에게 도움이 되고, 널 지원해 주는 것이 뭐가 있을까?"

여러분은 계속 걷는다.

"아직도 네가 아닌 다른 누군가가 되려고 애쓰고 있어? 네게 전혀 이롭지 못한 요구를 이제 놓을 수 있는 거야?"

상대가 묻는다. 그리고 여러분은 산책을 계속 이어간다.

"주변 사람들과 지금 네가 처한 상황에서 배울 점은 뭘까? 지 금 너를 제대로 도울 만한 사람이 있다면 누구야?"

여러분은 상대와 함께 계속 산책한다.

"네가 세운 경계가 지나치거나 너무 부족한 건 아닐까?"

여러분은 계속 길을 걸어간다.

"상대에게 필요한 여지와 시간을 충분히 주고 있는 거야? 아 니면 지금 상대에게 강요할 수 없는 무언가를 강요하고 있는 건 아닐까? 어쩌면 지금이 모든 것을 재정비하도록 잠시 쉬어가고,

거리를 둘 시점은 아닐까?"

여러분은 몇 걸음 더 산책을 이어간다. 그리고 다시 숨을 들이마시고 내쉬면서 심호흡을 한 뒤 멈춰 선다. 그리고 땅에 발을 대고 서 있는 여러분의 신체를 자각해본다. 그리고 함께 온 동행의 눈을 바라보며 지금까지 함께 있어준 것에 감사의 말을 전한 뒤 헤어진다. 이제 여러분의 기분이 어떠한지, 몸 상태는 어떠한지, 기분은 어떠한지 다시 자각해본다. 그리고 천천히 눈을 뜬 후 여러분의 하루를 이어간다.

맺음말

다음의 글로 내가 지극히 주관적인 시각에서 내린 이 책의 결론을 여러분과 함께 나누려 한다. 나는 특히 내 두 아들, 난디와 프란츠를 위해 이 글을 썼지만, 내 아이들은 물론 충만한 인생을 위해 노력하는 모두에게 보내는 기원이기도 하다.

가능한 많은 시간을 서로 사랑하며 보내거라.
고통에 필요한 만큼의 시간도 가져라.
웃고, 울고, 노래하고 그리고 소리 질러라.
크게 그리고 더 크게!
기뻐하고, 화내고, 용기 내고, 두려워하라.

실수하고, 실망하고, 좌절하고

그리고 다시 새로 시작하라.

용서하기를 절대 멈추지 마라.

알아차리기를 절대 멈추지 마라.

너희 자신을 믿어라.

보고, 듣고, 냄새 맡고, 느끼고, 맛 보라.

너희가 할 수 있는 만큼!

이 세상을 너희의 세상으로 만들어라.

너희가 가진 모든 것을 내주어라.

같은 것은 귀히 여기고 다름을 존중하라.

여기로 갔다가 또 다시 다른 곳으로 떠나라.

마음을 꼭 붙잡아라.

그런 다음 때로는 내려놓기도 하라.

살아 있음을 느끼고, 꿈꿔라.

그리고

사랑하고,

사랑하고,

사랑하라.

감사의 말

내 인생의 지난 40년간 내게 깨달음을 주고, 또 아직까지 진행 중인 모든 사람들에게 고마움을 전하고 싶습니다.

이 책의 주제를 다루면서 누가 내게 가장 큰 영향을 주었을지 질문해보았을 때 떠오르는 답은 명확했습니다. 내 아버지와 어머니 그리고 내 형제인 마티아스. 누구보다 이 세 사람에게 가장 먼저 감사의 말을 전하고 싶습니다. 항상 사이가 좋기만 했던 것도 아니고 때로는 매우 힘든 시절도 있었지만, 우리가 서로를 사랑하는 마음은 변함이 없죠. 언제나 가족에 대한 나의 사랑과 결속이 같은 자리에 있었기에, 내 가족을 통해 성장하고 배울 수 있었음을 감사해요.

그리고 그 이후에도 착한 두 아들과 멋진 남편을 만나 진심을 다해 사랑하는 법을 배우는 커다란 행운이 내게 찾아왔죠.

"넬슨, 같은 꿈을 함께 실현하고, 항상 아이들 곁에 있어주는 자상한 아버지가 되어 줘서 고마워요.

그리고 빅토리아! 정말 많은 일을 함께 겪었고 공유했어요. 자식 걱정과 행복했던 순간들, 네일샵 데이트에서 개인 일까지 그리고 사랑에서 명상까지. 당신이 내게 해준 일을 전부 고맙게 생각하고, 앞으로 함께 할 일도 기쁘게 생각해요. 언제나 과히 경이로울 정도로 서로를 도울 거라는 걸 알고 있으니까요. 성공을 함께 축하하는 기쁜 일이든, 무언가에 맞서야 하는 힘든 일이든 상관없이 말이죠.

울리! 마리나! 사비네! 프랑카! 율리아네! 여러분이 있어 얼마나 좋은지 몰라요! 정말 진심이랍니다.

그밖에 아낌 없는 지원을 주신 나의 동료, 선생님, 그리고 여러 장소 및 기관까지 전부 감사의 말을 전하고 싶습니다. 여러분 모두 나를 지원하고, 깨달음을 주고, 도전하게 하고, 믿어주며 여러분을 통해 신뢰를 쌓을 수 있었습니다.

베를린 게슈탈트 치료 및 게슈탈트 교육학 연구소IGG 베를린, Institut für Gestalttherapie und Gestaltpädagogik의 한스 부르노Hans Bruno 박사님, 로저 댈튼Roger Trenka-Dalton, 미하엘라 부클Michaela Buckl, 라

인하르트 베이어 교수님Prof. Reinhard Beyer, 카린 나디히 박사님Dr. Karin Nadig, 아줄피트 푸에르테벤투라Azulfit Fuerteventura, 지바무크티Jivamukti와 쿤달리니 요가Kundalini Yoga, 이나데비 퓨르스테나우 부르그도르프Inadevi Fürstenau-Burgdorf, 에스터Esther와 요하네스 나르베슈버Johannes Narbeshuber, 잘츠부르그 마음챙김 리더십 연구소의 커뮤니티die Community um das Mindful Leadership Institut Salzburg, 한나 리사마이어Hannah Lisa Linsmaier, www.sinn-sucher.de 팀, 나의 에이전트 카트린Katrin Kroll에게 감사의 말을 전합니다.

그리고 특히 나를 찾아와준 모든 내담자들에게 진심 어린 감사의 말을 전합니다.

마지막으로 베를린에 감사합니다. 그리고 나의 새 고향이 된 포르투갈에도…….

자기 회복력

초판 1쇄 발행 2022년 5월 31일

지은이 야스민 카르발하이로
옮긴이 한윤진

펴낸이 김남전
편집장 유다형 | 편집 이경은 | 외주편집 이선일 | 디자인 양란희
마케팅 정상원 한웅 정용민 김건우 | 경영관리 임종열 김다운

펴낸곳 ㈜가나문화콘텐츠 | 출판 등록 2002년 2월 15일 제10-2308호
주소 경기도 고양시 덕양구 호원길 3-2
전화 02-717-5494(편집부) 02-332-7755(관리부) | 팩스 02-324-9944
포스트 post.naver.com/ganapub1 | 페이스북 facebook.com/ganapub1
인스타그램 instagram.com/ganapub1

ISBN 979-11-6809-027-9 (03180)

가나출판사는 당신의 소중한 투고 원고를 기다립니다. 책 출간에 대한 기획이나 원고가 있으신 분은 이메일
ganapub@naver.com으로 보내주세요.